料理は妻の仕事ですか？

【著者】アベ ナオミ
【監修】白央篤司

プロローグ

自宅が職場な私たち夫婦…

夫は掃除好きで
モノは少なくていいのだ
ミニマリストっぽい性格

子ども3人の子育てをする中で送迎や
今日は予防接種だよ!!
通院の付き添いなど積極的にしてくれます

本当にありがたい…マジ助かってる
いつも〆切に追われる人
だけれど…

なぜ
ピコン
料理だけしないのか!?
夫 ごはん作れそう?
ナゾ

こんな5人家族の
夫(40)
アベ(37)
長男豆キチ(中一)
次男アンチョビ(小一)
長女モナカ(年少)
我が家…

5人分の食事を毎日作るのは…
大変なんだよなぁ

ドン
20%引
サーモン
豚バラ

アベと豆キチは
お魚が苦手で
魚のニオイが苦手
肉
青魚アレルギー
実はお肉もちょっと苦手
おかずはお肉派

実は細身のこの3人
底なしの胃袋の持ち主!!
ザ! やせの大食い
オレに似ちゃった

夫・アンチョビ・モナカは
大のお魚好き♡
No サカナ No LIFE
3人はお魚派

回転寿司に行けば
アンチョビ 10皿
モナカ 4皿
こんだけ食べる(泣)

メインのおかずは
いつも2種類
ジャーーッ
30分はかかるし
副菜とみそ汁も作る

あ〜食費が悩ましい…
家計簿アプリ
自炊もっと頑張らないと…

1回の食事で
炊くお米は4〜5合
こんなに炊いても
ペロリとなくなる…

つらい…

チラッ
キャッ
キャッ

毎日じゃなくていい…
せめて…

今日はムリ!!って日に
簡単なホッとするものを作ってほしい(涙)
〆切明け
ぐらぐら
体調不良とか
ゴホゴホ

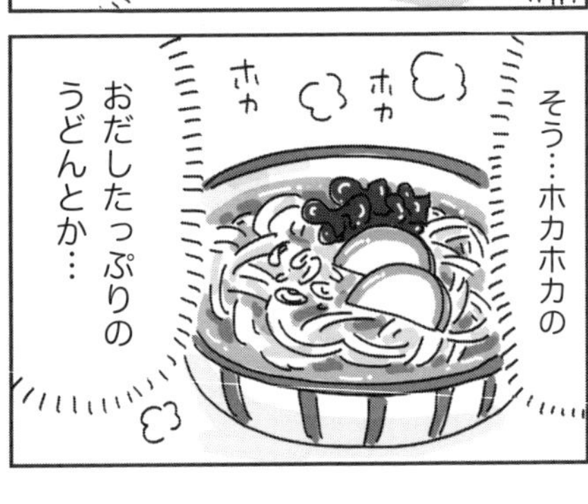
そう…ホカホカのおだしたっぷりのうどんとか…
ホカ
ホカ

数日後…
うう…低気圧つら…
今日はつらそうだね…
ザーーーッ
←アンチョビのアサガオ
はっ
もしかしてチャンス?

ちょっと食事作れなそう…ごはんの用意頼めないかな
え!?

もちろんだよ!!
なんかお弁当買ってくるね
キラ
キラ

えっ あっ
ありがとう
いってきまーす
お弁当か
お金かかるな…
でもいいか
言ってみる
ものだな♡

30分後
ドンッ!!
おてもと

か…からあげ…
いただ…き…
ます
え…油…
お肉食べて
元気出してね

夫に悪気なんて
ないんだよね…
モナカちゃん
お口がヤバイ!!
むしろ優しさから
このお弁当なんだよね

けれど…
この先一生
具合が
悪い時に
ホッとする
ごはんが
食べたいって
願いは叶わ
ないのかな…
カツ丼
たべるか?
ムリです
未来
予想図

つらいよ
ボトッ
お母さん
大丈夫?

つらい
あっちで
横に
なってよ
う…うん
ホントにつらい

お母さんの
お弁当オレ
食べていい?
うん食べ
ちゃって

人は
食べなきゃ
生きて
いけない

私や夫は
健康的な
食生活を
したいし

育ち盛りの
3人には
たくさん
食べてほしい

けど…
仕事しながら
一日中夕食の
心配したり
このラフは3時までメールして
あ〜卵と牛乳買いに行かなきゃ

食材や
調味料の
在庫を
私が
ひとりで
把握
したり
ケチャップとマヨがもうなくなる…

毎回の
食事の
準備を
私ひとりで
背負うのが
とにかく
つらいの…

うどんとかおかゆとか
簡単なメニューでいい…
夫が作って
くれるように…

なって
ほしいのよ〜
○○チャンネル
その動画みるの!!
はーい

もくじ
Contents

プロローグ……002

第1章 毎日の料理がつらいんです

1話◎妻が料理は誰が決めたの?……012
2話◎うちだけじゃない! 毎日の料理が負担です……019
3話◎なぜ夫は料理できないんだろう……027
コラム①あなたなりの自炊力でいいんです……034

第2章 「自炊力」ってどこからくるの?

4話◎自炊＝自分をまかない、癒すこと……038
コラム②はじめは「何か1品でも刻んでちょい足し」から……046
5話◎スーパーでの買い物を任せてみる……048
コラム③ごく簡単にうどんを作ってみよう……054
6話◎ごはんを炊ければ十分?……056
コラム④一度は鍋でのごはん炊きを体験しておこう……062

第3章 家族パートナーシップを築く

7話◎「ごはんを作りたくない」を言ってみた……066
コラム⑤ 半分参加型のごはんで「自由に試す」を体験……072
8話◎緊急事態発生！　その時夫は…………074
コラム⑥ 自分にフィットする自炊ルーティンを……080

第4章 おふくろの味幻想に惑わされない！

9話◎手作り＝栄養満点??……084
コラム⑦ 私を救ってくれたお弁当のマイルール……090
10話◎愛情を形にして求めない……092
コラム⑧ キッチンを「つらい場所」にしないでほしい……098
11話◎おふくろの味幻想？……100
コラム⑨ 食べものは「薬」にあらず……106

第5章 「共同生活力」は磨かれる

12話◎美味しかったが聞きたくて……110
13話◎ポジティブな思いをシェアする……117
エピローグ……125
料理をシェアする10か条……134
あとがき……138

あ〜夕ごはん
なにしよ〜

第1章 毎日の料理がつらいんです

1話 妻が料理は誰が決めたの？

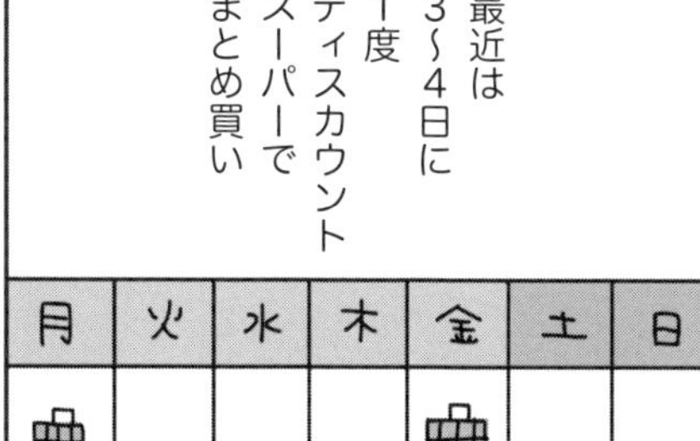

学生時代レジのバイトをしていたのでセルフレジはスピーディー

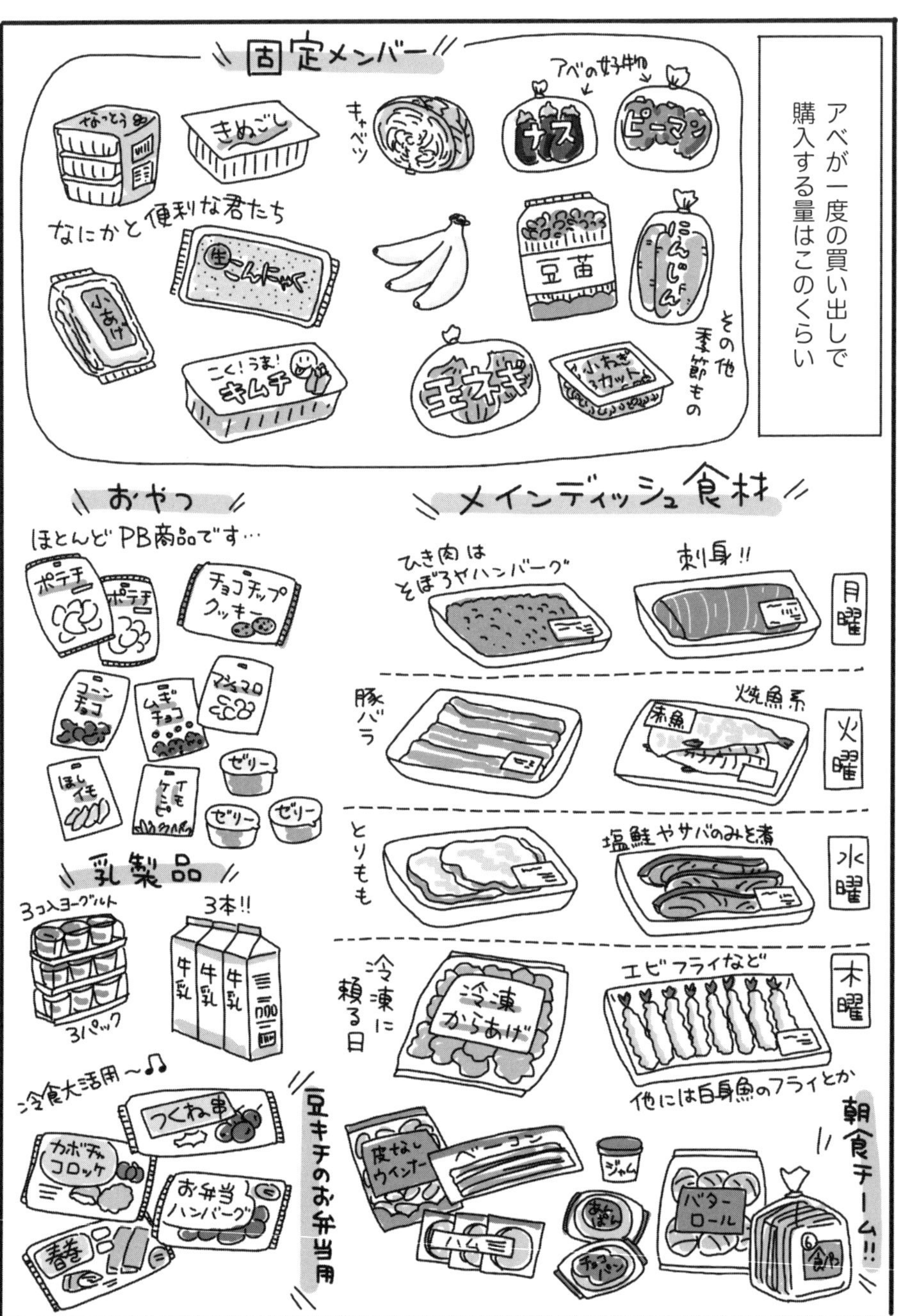

アベが一度の買い出しで購入する量はこのくらい
固定メンバー
なっとう
きぬごし
キャベツ
アベの好物
ナス
ピーマン
なにかと便利な君たち
生こんにゃく
豆苗
にんじん
小あげ
こく!うま!キムチ
玉ネギ
小ねぎ カット
その他季節もの
おやつ
ほとんどPB商品です…
ポテチ
ポテチ
チョコチップクッキー
コーンチョコ
ムギチョコ
マシュマロ
ほしイモ
イモケンピ
ゼリー
ゼリー
ゼリー
乳製品
3コ入ヨーグルト
3パック
3本!!
牛乳
牛乳
牛乳
冷食大活用〜♪
つくね串
カボチャコロッケ
お弁当ハンバーグ
春巻
豆キチのお弁当用
メインディッシュ食材
ひき肉はそぼろやハンバーグ
刺身!!
月曜
豚バラ
焼魚系
赤魚
火曜
とりもも
塩鮭やサバのみそ煮
水曜
冷凍に頼る日
冷凍からあげ
エビフライなど
他には白身魚のフライとか
木曜
朝食チーム!!
皮なしウインナー
ベーコン
ハム
ジャム
あんぱん
チョコパン
バターロール
6枚

う〜〜〜…!!
どっせいっ!!

ふぅ 帰るか…
帰ったら
ブロロン

仕分けして
収納して
こっちは冷食
これはチルド

魚派・肉派それぞれの献立を考えて作りはじめて
今日はお刺身とそぼろ丼

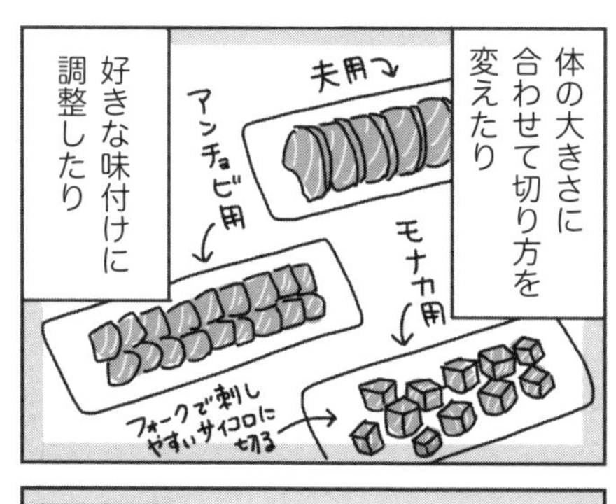
体の大きさに合わせて切り方を変えたり
好きな味付けに調整したり
夫用
アンチョビ用
モナカ用
フォークで刺しやすいサイコロに切る

みそ汁に副菜も同時進行で作る
ぐつぐつ
豆腐と小ネギのみそ汁
レンジでナスの煮びたし
ヴーーン
じゅーっ
にんじんキンピラ

しかも今日はお刺身だもんな…
切るの苦手なんだよなぁ〜
ガチャ

あ〜帰ったらごはん作らないと…
疲れたなぁ…

フーーーッ…

どうしよう
ぶわっ
家に帰りたくない…

コンビニ 24H
チキン半額!!
キャハハハッ

私…何やってるんだろ
ボ〜〜ッ
そろそろ帰るか…
コンビニの100円コーヒー

ただいま〜
おなかすいたー!!
サーモン買ってきた?
ハラへったー

遅かったね
心配したよ
よいしょっ
あ
ドキッ
ちょっと道が混んでて…
ガサガサ

1時間後
いただきまーす!!

はぁ作るだけでもうHPがゼロ
コラ!! ケンカしないで食べて!!
モナちゃんたべる!!
えーボクの〜

あれ？
たべてなくない？
食欲ないの？

いや!! ちょっと疲れたな～ってボーっとしてただけ!!
大丈夫？
モグモグ

本音を言ったらたまにでいいから夫にも料理してほしい!!
けど!!

こんなにも育児や家事を頼んでいるのに…
食器洗いの他
子ども全員分のおハシセット
水筒も洗う
お風呂も洗う
お弁当
だしてなかった

私は夫に料理もしてほしいなんて…
主婦の神様
甘い!!
バチーン
ぐえっ
バチがあたるよね!!

いろいろ任せてごめんね…
本当は私の仕事なのに
罪悪感
スッ
ジャーッ

またそんなこと言って!!
どっちなの!?
ムッ
やってほしいの？やってほしくないの？

そらやってほしいけど…
罪悪感
私もわかんないいんだよ～!!

あれ？ハムがない!?
バレた!!

2話 うちだけじゃない！ 毎日の料理が負担です

翌朝
ジー
おお〜夫が
本当に作って
くれてる〜♡

パパ作ったごはん
おいし〜!!
ね〜♡
朝食作らなくて
いいって嬉しすぎる

なんて浮かれていたら…
グラグラしてた
前歯
抜けたよー!!
やったな!!

さあ!! 朝ごはん
食べちゃって〜♪
あ…
もしや…
ハフッ

パパ〜!!
トースト
食べにくい!!
おにぎり
食べたい!!
かめない…
え!?
おにぎり!?
ごはん炊いて
ないよ!?
どう
しよう!!
プチパニック
もういいよ!!
冷凍ごはん
あるから!!
私にぎるよ!!
その後も
夫はイレギュラーに
対応できず
夫の
朝ごはん担当は
即終了…

マジ
なんでこう
なっちゃうかな…

夫の食事作りって長続きしないですよね～
アベさんも経験あります？

数年前のこと…毎週水曜日を
夫の夕食担当日にしたんですが…

ドン
すきやき風豚バラ鍋（夫の大好物）

包丁が苦手な夫は
毎週同じメニューを作りました
豚バラ
とうふ
カット済なべ野菜セット
すきやきの素

えーっまたこれ？
あきた～
カチン

子どもたちのひと言であっけなく消滅…
ママたちはそれでも作るのに(涙)
ウウ…

みなさん一度でもダンナさんが食事作りをしたのがうらやましいです～
夫と長男(小4)次男(年長)の4人暮らし
町田 かおり

ウチの夫はコロナ禍でもほぼ毎日出勤で
ああ～気をつけて～
食事作りについてはそもそも
戦力外!!

食事作りは
私ひとりにのしかかって…
実は私…

料理がとてつもなく
苦手なんです〜
バッ

子どもが生まれる前は
外食か
買ってきたものを食べる生活が
基本

料理と言ったら
ミックスベジタブルをレンジでチンするくらい…

子どもが生まれた後はそんな食生活が通用するわけもなく…
マジツライデス…

苦手なのに毎日ってただの苦行…
かおりさん今は料理どうしてるんですか？

おかずは冷食やスーパーのお惣菜とかレトルトだったり…
味付け済みの焼くだけのお肉やお魚を活用してて
ひれカツ
レンジでエビフライ
レトルトハンバーグ

副菜は
ゆで野菜がほとんど…

副菜すら作るのがつらい日は
具だくさんのみそ汁でカバー

平日は栄養のプロが考えた給食があるから
プレッシャーを感じないけど
神様のような存在ん

けれどふと
不安
ドスッ

長期休みや連休の時は
私の出す料理で大丈夫だろうか…？
って思って…

私が作るこの食事で
家族みんなの栄養足りてるのかな

料理を作っているのに私たち不安も感じてるんだ

って怖くなるんです〜!!
その気持ちめっちゃわかります!!

ハッ
それが毎日続くと相当ストレスですよね…？
ビクッ

私たちって自分たちの
母親世代のように
朝から煮込んだのよ～
手間ひまかけて
料理する時間が
ないじゃないですか

働く母の私たちは
買って行く!!
今日カンタンなもの
今日はピザ
とにかく
時間がない!!

手作りじゃなかったり

時短レシピばっかりに
なってはしまうけど
時短レシピ

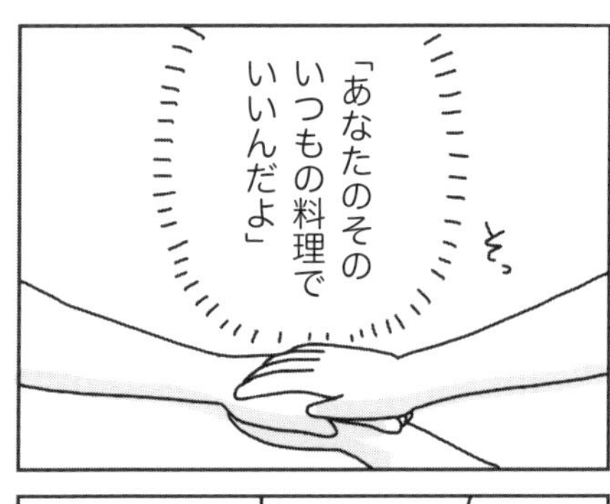
「あなたのその
いつもの料理で
いいんだよ」
そっ

って肯定して
もらいたいんです
うん うん
うん うん

あと…実は
夫や子どもたちが
おなか
すいたー!!
ごはんまだ?
ごはん
だよ～
料理のことを
何も知らずに

食べて
いるのが
時々
不安に
なるんです

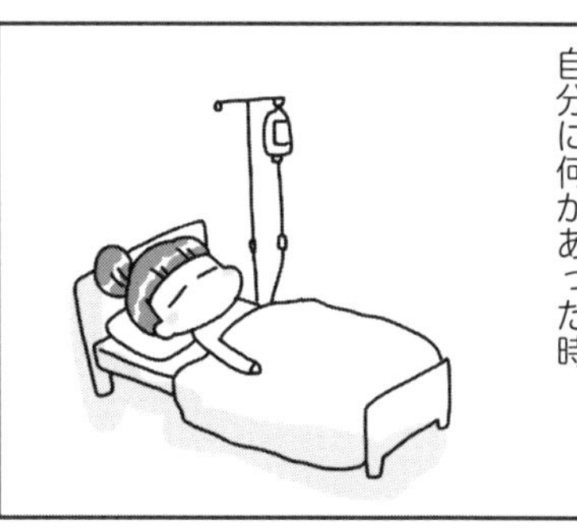
病気や事故で
自分に何かあった時

夫は子どもたちに
ちゃんと食事を
作れる
だろうかって…
ま…まって
ごはーん

私も…十数年後
子どもが巣立った後
高齢になって私が
先立ってしまった時

夫はどんな食生活を
するんだろ…って
やれやれ

この悩みって…
「夫に料理を
してほしい」じゃ
なくて…

「夫が料理
できないと
健康・生命に
関わる」では!?

それに…
「料理イコールママ」で
育った子たちが
大人になったら
どうなる?
オレのごはんは?
ママみたいに作らないと!!

なんか…私たち
毎日の料理に
まつわる
不安まみれ!?

3話 なぜ夫は料理できないんだろう

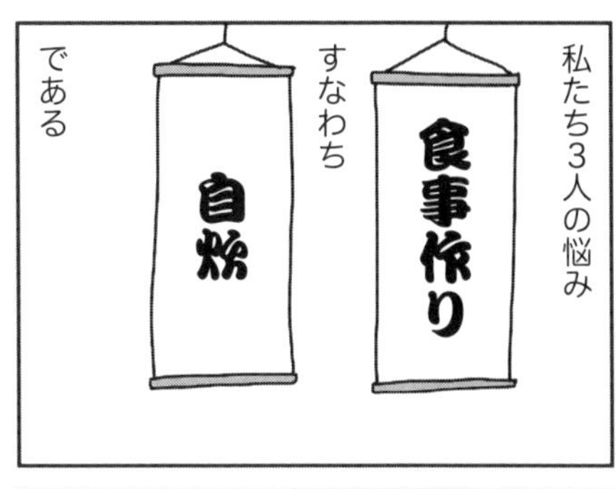

私にはそれがさっぱり理解できず

人間…
向き不向きがあるんです

てことはどんなに努力をしても料理が好きになれなかったり
上手にならない人もいると思うんです
うーん なんで？
がんばっているのに…

うーん そう言われてみれば…
うちの夫は料理が不向きなのかな…

うちの夫は数字に強いので
時に分刻みで行動し子どもを送迎するとか
17:00までにピアノ教室!!
16:37に出発!!
ブーーン

充電クリーナーのバッテリーの時間を逆算して
掃除をするのは好き
リビング5分
ろうか5分 布団10分
ブオー

家計管理も私よりも上手!!
これは預金へ
たすかる〜

数字がはっきりしていて
時間が読める予測できる家事は向いてるけど

数字がはっきりしない料理は不向きってことかな!!
弱めの中火の弱さとは？
ひと口大って…大人の口でいいの？
塩ひとつまみ？つまむ？
？？
？

そうかも
しれませんね
アベさんの夫さんは
もともと家事が
できたんですか？

いや…
フッ
結婚当初は
びっくりするくらい
家事ができなくて

お義母さんが夫をとても
大切に育てたので…

せっせ
せっせ
はい
お弁当!!
さむくない？

自分が出した
ゴミがどこへ行くのかも
知らず…

部屋は気がついたら
キレイになっていたので
掃除をしたことが
なかったんです!!

むしろ
そこから
今のレベルに
なった
ダンナさん
すごくない
ですか!!

そう言われると
すごい夫は成長
したんだなぁ
10年くらい
かかった
けど…
トホホ

インデンさんの
ダンナさんとかは
料理以外の
家事はどう
ですか？
うちは
ですね…

洗濯が得意です
えーっ!!
ステキ!!

ウチの夫は
若い時から
服が大好きで

実家時代も…
これはオレが
洗うから!!
あらそう
ピッ

自分のジーンズなどは
自分で手洗い!!
ちゃぷ
ちゃぷ
ちゃぷ

こだわって
たんですよ〜
ジーンズには
ジーンズ用洗剤

今も洗濯には
こだわりがあって
あれ？
そのダウン
洗うの？

ダウン用
洗剤で
まとめて
洗っておくよ
えっと…
10分つけ
置きして…
ありがとー♪
たすかる〜
洗濯は
こだわって
助かるけど

それが
料理になると…
え？
カレー？

今だけお願いできる?
うん
大丈夫!!任せて!!

じゃあ買い物行ってくるねー!!
バタン
いってらっしゃーい
なーんだ言ったら作ってくれるじゃん

と…思いきや…
えーっと玉ネギ2玉ニンジン1本ジャガイモ3個
うまこくカレー

お肉は鶏ももが250g

精肉
うーん250gぴったりのがないな~
困ったな…

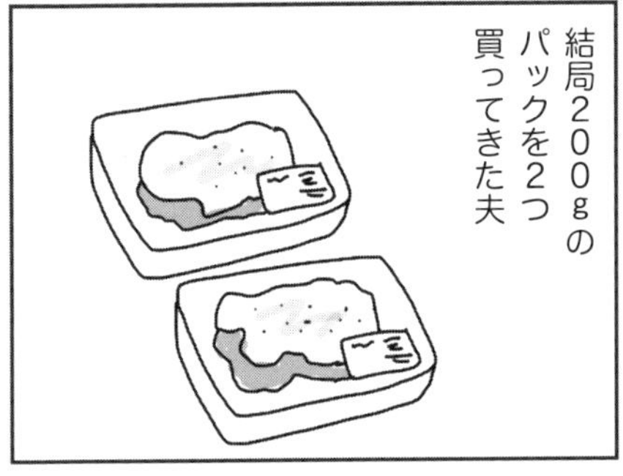
結局200gのパックを2つ買ってきた夫

あれ?お肉残ってるよ
?
今日使うのは250gなんだ
ジュー!!ッ

残った鶏ももはどうするの…?
えっと次は20分煮込むのか~!!

きっちり20分煮込みに鍋にはりついてた
夫は全部マニュアルがないとできないのかも…

なるほどインデンさんにとってはなんてことない簡単な朝食も
やくだけ～
こんなんだれでも作れるよ～(泣)

夫さんにとってはレシピやマニュアルがなく
毎日同じ朝食ならOKだけど…
子どものその日の体調でメニューを変更するのはキツイ

とても苦手で難しいことなのかもしれないのです
そっか…

自分の常識は人の非常識だったりしますもんね～
うんうん
たしかに…

うーん…でもやっぱり料理は少しやってほしい…
どうして
料理だけはムリ!!
って言うんだろ…
つらい…

そこまで拒否するというのは
何か理由があるのかも…

「調理ができない」の前につまずいている可能性もありますよ
ピカーン
ええっ!!

あなたなりの自炊力でいいんです

自炊力って、いろいろなスキルの総合力だと思っています。ただ料理するだけなら話はシンプルですが、日々のごはんを用意し続けるのって、実は様々な能力が求められているんですよね。

「買い物に行って、その場で献立を考える」
「家にある食材とかけ合わせて何を作るか決める」
「食材の質と値段のバランスを考える」
「栄養バランスも気にかける」
「調理する」
「残ったものをそれぞれに適した状態でしまう、保存する」

これらの間に「運ぶ（かなり重労働なときも多々ありますよね）」「買ったものの個包装をといて、しまって、出たごみを片づける（この面倒さは地味にきます）」「洗い物」「食器類を乾かして戻す」など、いわゆる「名前のない家事」も多々あるもの。これらが総合的に折り重なってくる大変さって、経験してみないと分からない。一日二日ぐらいの体験では分からないタイプのつらさで、

1カ月ぐらい担当してようやく「こんなに大変だったのか！」と気づく方はとても多いです。

そして日々の食事を用意するって、人によって優先することも様々。倹約を一番に考える方もいれば、おいしさがトップの人もいる。「ラクで手間がかからない」を最優先という人もいます。何が正解ということはありません。家ごはんの形は人それぞれ、自分なりでいいはずです。なのに「私、全然ちゃんとできてなくて……」と悩んでしまう人、ものすごく多い。誰かに「もっとこうあるべき」と言われてるわけではないのに、自分を恥じて、責めてしまう。まったく感じる必要のない思いですよ。自分たちの食事を用意する、それだけでもうじゅうぶん立派なこと。作れない、作りたくないときは買うのだって私は「自炊」の一環だと思うのです。作る日もあれば、そうでない日もありつつ、暮らしを続けていく。じゅうぶん「家の事」をこなしています。自分の自炊の形をゆるやかに、自由に定めて、恥じない。人と比べない。そう考える力も生活力のひとつじゃないでしょうか。そして理想をいえば自炊力は、家族全員が持っていてほしい力。人間いつまでも一緒にいられるわけもありません。ひとりになったときに自分をまかなえる力は、早いうちに身につけておきたいもの。お子さんなら、いつか誰かと暮らしたとき、役にも立ちます。ごく簡単なことから自炊に近づく方法を、本書でお話できればと思います。

第2章 「自炊力」ってどこからくるの？

4話 自炊＝自分をまかない、癒すこと

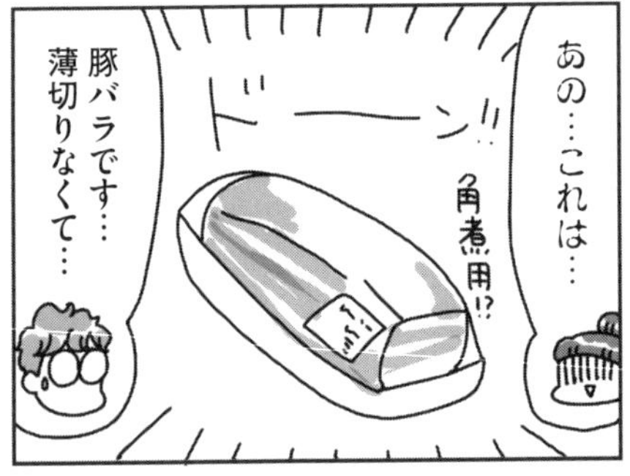

豚バラのうす切りで作りたかったたんだけど…
角煮…
メニュー変更するかぁ～
ガーーン

なんとなくフィーリングで選んだら…
コロッケ
里芋の煮付
ポテトサラダ

そしたら夫はしょげちゃって…
オレはなんて無能なんだ
しばらく買い物に行ってくれなくなりました

なぁ…
今日ってイモばっかりだな…
ボッ
って夫に言われて…

買い物!! 私も苦手なんです!!

ちょっとしょげました

いつもスーパーで
今日はどのお惣菜にしよう

料理をしない慣れていない人にとっては
買い物はハードルが高いんですね～

買い物の前に食材から料理のでき上がりをイメージしたり
栄養バランスを考えるところから買い物ははじまる
ボヤ～
お肉に野菜…

そしてイメージしたメニューを作るには
えーっと何を買えばいいの？
「買い物」ってスキルが必要ですね

何度も言ってますが「料理がしたくない」ということは決してダメなことじゃない
何度きいても救われる…
「イヤだからイヤ」それでいいと思います
だばぁ～

でも人間は食べることからは逃げられない

栄養バランスを考えた食事は外注することもできるけど
家族分を毎日ずっと購入するのは現実的ではないし…

じゃあどうするか？
そのための「自炊力」は家族みんなが持っていたい!!
うん
うん

まずは買うことを
マスターする!!ところから自炊をはじめてみましょう

えーっとじゃあ夕食のメニューを決めて…
カレーにする
次は買い物リストを作って…
・玉ネギ2コ
・ニンジン2本
・ジャガイモ2コ
・とりにく100g
・カレーのルー1箱

インデンさん
アベさん
キラーーン
違います

料理をしない
慣れていない人の
スタートラインは
24
コンビニ
コンビニです!!

えっ⁉
近所の
コンビニで
いいんですか⁉

でも…
お肉やお魚
なんかの
生鮮食品は
あまり
売ってないし…

え…?
まさか
お弁当や
お惣菜を
買うのが自炊?

そうです
まずは「買う力」を
育てないことには
買う力の木

次の料理する
ステージに上がるのは
ハードルが高いんです
料理ステージ
う〜!
とどかんな〜!!

コンビニに
売られているものを
買うことで
どう栄養バランス
良く活用するかを
身につけてほしいんです
サラダ
さけ
チキン

まず栄養バランスの良くなる
組み合わせを覚えましょう
主食
主菜
副菜

主食
ごはん
パン
うどん
そば
中華麺
パスタなど

主菜
肉
魚
大豆加工品
豆腐
厚揚げ
納豆など
納豆

副菜
野菜類
キノコ類
海草類
フルーツ

やっぱりお弁当を買うのがベスト?
でもな〜

……
毎日お弁当ってあきるしお金かかるし副菜がないメニューも多い…
ホットドッグ
パスタ
肉まん
そしていろいろ食べたい

ホットドックなら
主食
主菜
パンは主食ソーセージは主菜になります

足りないのは副菜ですね
そうです!! サラダかカットフルーツを副菜にすればOK!!
カットりんご
サラダ
野菜スティック

まずは料理することなく
自分の買った1食で
何を満たし
何が少ないのか
考えられるかが
大切です
野菜たっぷりスープ

肉まんなら
皮が主食
具が主菜
副菜に
わかめ
スープ
とか!?
わかめスープ

その調子です!!
最初に
身につけ
たいのは
買ってこようが
作ろうが
健康を守る
栄養がとれる
ようになること!!
ぐいぐい
こらこら
ミーティング中
ですよ

スーパーの総菜でも
からあげ買ったら
サラダやフルーツで
バランスを取れれば
良いってことですね

買う組み合わせが
正解が分かっただけで
心の重荷が
軽くなりました
パァァァ〜〜!!

コンビニで選べる
ようになったら
次のステップ
ちょい足し!!
ビシッ

ちょい足しって…
ゴマ油とか
七味ですか?
大好き♡

味のちょい足し
ではなくて
手軽な野菜を
使った栄養の
ちょい足しです
カイワレ大根
プチトマト

トースターで焼くだけのピザに
ミニトマトをちょい足し!!
鯵の南蛮漬けに
カイワレをちょい足し!!

食生活に不足しがちな野菜・フルーツちょい足し!!
カットサラダ
カットフルーツ
缶詰
もも
みかん

パスタにカットしたミニトマトをのせてレンチンすれば十分「自炊」です!!

カンタン!!
このくらいなら私でもすぐできそう!!
コンビニで野菜も売ってるし夫にもできそう

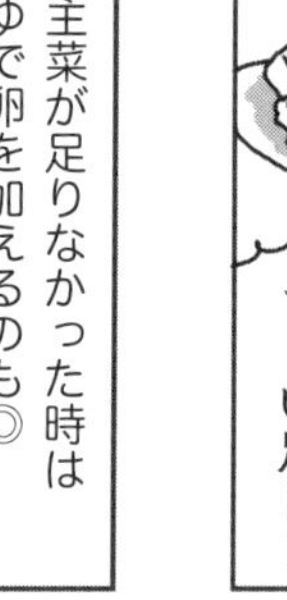

主菜が足りなかった時はゆで卵を加えるのも◎
副菜
野菜スープ
プラス
主菜!!
こんぶ
主食
これだけでも「調理」です

足りないものを自分で加えて食す
これが自炊の第一歩!!
自炊

家庭料理は
昼 濃い味 ← 夜 薄味 とか
「胃が弱ってる」←「しっかり煮たうどん」
あっさりポトフ
やわらかうどん
その日その時に合わせてアレンジできるのがいいところ!!

自炊は自分をまかない
心と体を癒すことに繋がるのです〜
ニャーン
ニャゴーン

とりあえずミニトマト買っておこ♡

はじめは「何か1品でも刻んでちょい足し」から

自炊経験のない方が「いざ、はじめてみよう！」と思い立ち、最初の料理でつまずいてやめてしまう……ということ、私が聞き取りするかぎりでは、かなりあります。というのも、むずかしい料理からトライしてしまいがちなんですね。

先日、ツイッターでフォロワーさんに「自炊をはじめるとして、作ってみたいものはありますか？」という質問を投げてみました。多く挙がったのがグラタンで、他におでんやカルボナーラ、揚げ出し豆腐に天ぷら、里芋の煮っころがし、アクアパッツァという人もいましたね。料理慣れしている人でも、ちょっと大変そうなメニューがあれこれと。あと、ハンバーグを最初に作ってみて「料理って大変だなあ……」と思い、続かなくなったという人も多いんです。ハンバーグって、試しに作ってみたくなるんでしょうかね。

玉ネギをみじん切りにして、ひき肉をこねて、中まで火が通ったかどうかよく分からず、付け合わせも用意して、さてソースはどうするか……と、かなりハードルの高い料理。好きなものや食べたいものを作るのもいいけれど、出だしで「無理！」となってしまっては元も子もありません。

料理をしていない人だったら、「料理する」よりもまずは「料理に近づいていく」ことからはじめてほしい。別にイチから作らなくてもいいんです。たとえば宅配ピザを取ったら、自分で何かトッピングしてみるのはどうでしょうか。ミニトマトやモッツァレラチーズなどを刻んで散らす、パセリやバジルをちぎって散らしてみる、コーン（缶詰でＯＫ）やシラスを足すのもいいし、冷凍野菜のブロッコリーやホウレン草をチンして足すのもいいですね。

冷凍食品のパスタに同様のことをしてもいいし、和風のうどんやそばだったら、ネギ、三つ葉、豆苗、カイワレ菜、スプラウト類など生のまま刻んでのせられる野菜を足すのもおすすめ。

何気ないことですが、生鮮の野菜などを刻んで、レトルトや出来あいのものに加えるだけでも立派な調理であり、自炊の一環ですよ。売りものの味がちょっと優しい味わいになって、「料理した感」も出てきます。栄養価だってちょっとはアップ。こういうことからで、いいんじゃないでしょうか。「何かしらを切って加える」に慣れてきたら、次第に加える品目が多くなっても手間に感じず、次のステップにも移りやすくなります。

5話 スーパーでの買い物を任せてみる

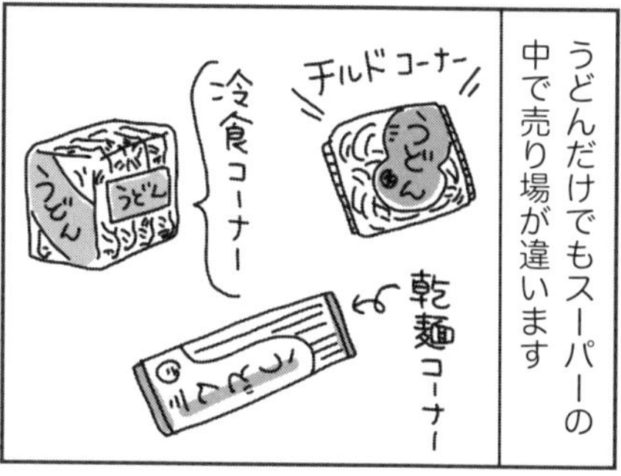
うどんだけでもスーパーの中で売り場が違います
チルドコーナー
うどん
冷食コーナー
うどん
乾麺コーナー

冷食
チルド
乾麺
チルドに乾麺冷食って店内でもバラバラですね
これだけでも初心者はぐったりです
冷凍のうどんってどこ?!

次はうどんの汁は?どうしましょう
めんつゆ?
粉もありますね

具はどうします?
うーんネギとワカメ?
おあげがいいです!!
エビ天!!

ネギ
野菜売場
ワカメ
乾燥? 塩蔵? 生? 売り場が違う
かんそうワカメ
塩蔵ワカメ
おあげ
おあげ
豆腐などのコーナー
エビ天
惣菜コーナー
売場が分かれますね

たった1杯のうどんを作るだけでも
こんなにスーパーでの選択肢があるのか…

私がかぜひいた時に突然頼んでもいきなりは
うどん作れないわけか〜
フラッ
わからん…

こればっかりは経験を積んでいかないと慣れないので
どんどん行ってもらいましょ!!
これだけは作ってほしいというメニューを決めて

あ～…うちは
夫だけじゃなく
長男にも
行ってもらお!!
中学1年生の
長男豆キチ

少し前のこと…
お母さんってさ
スーパー
好きだよね～
は？

なんで⁉
そう思ってんの⁉
だって
いっつも
スーパー
行く
じゃん
よっぽど
好きなんだな～って
いっぱい
買ってくるし
両手いっぱい

何言ってるの…
買い物って大変
なんだよ～!!
食べたいもの
買ってくるだけ
じゃ～ん♪
ってナメたこと
言って…
ルルル～
ポロロン

ひーーん
好きで行って
るんじゃないっ
てばよ～!!
ゼッタイに
行ってもらう
あ～～～!!
あるある～!!

私なんて買い物も
料理も苦行なほど
苦手なのに…
ママ!!
あのね～
小3の長男

ボクの仕事は
小学校で
勉強すること

ママの仕事は
料理すること
だよね!!
ええ!!

いや…ママだってお仕事してるんだってば…
ズーン
えーっ？そうなの？

料理はママの仕事じゃないし
外食してくれたらママがどれだけ助かることか…

おウチにいる時料理ばっかりしてるじゃん
好きでやってるんじゃない!!
フル
フル
?
?

ママが外食に誘った時くらい
わーい!!
やった〜♪
行こう!!
って言ってほしいの!!

じゃあたまにはお外にごはんに行こうよ〜
え〜っやだ!!

ウチは夫もふくめて外食大好きですが
つらい時に外食に逃げられないのはしんどいな〜!!

外食が嫌じゃなくて食事中にテレビが見られないし
テレビもゲームもできないし〜
ゲームの時間が減るからでしょ〜!!
だら
だら

もうそこは素直な気持ちを真剣に話してみてはどうですか？

素直に？
真剣に？
？
？
？

もちろん
いつも頑張っていたら
続けられないですもん
ぐっ

相手が
子どもだからって
思わずに
今日は
おウチで
たべたーい
すごく正直に
ママの気持ちを話す

しんどい気持ちを
おろしていいじゃ
ないですか
にこっ
涙が
とまらない
ろん
うっ
うっ
うっ

「今回は希望を聞くね」
「だけど次は
ママの希望も聞いて
ほしい」と真剣に

それに
つらい時にやると
料理が
嫌いになる
つらい時に
無理し続けると
自分を
どんどん
傷つけて
しまうことに
なりますよ

え…そんなこと
言っていいんですか⁉

買い物が苦行
料理したくないって
ママが言っちゃ
ダメだと思ってました
うっ

気持ちを言葉にして伝える
これが大切なこと

外食にしよ
もう
ムリ

家族だからってテレパシーでなんでもわかるわけないじゃないですか
わかります 双子だってテレパシー使えません
双子の姉がいる

「具合が悪いからあったかいうどんが食べたい」も
察して…
ごはん買ってきて…
うん!!
言葉にしないと伝わらなかったのか!!

買い物に行きたくない
はぁ〜

そうです
うどんがいいって言ってた
そして言葉にした結果思っていたことが叶ったなら

料理をしたくない日だ
ズーーン

「ありがとう」と言葉でしっかり伝えてください
はい!!

ごく簡単にうどんを作ってみよう

アベナオミさんの「うどんが食べたい！」って気持ち、よーく分かるなあ。疲れてるとき、あるいは寒い朝などにおだしの香りをかぐと、体と心がホッとするんですよねえ……。ただイチから作るのはちょっと大変。まずはごくごく簡単な作り方から試してみませんか。

おつゆは粉末だしでもいいし、めんつゆでもいいですね。お湯を沸かす間にうどんの用意。最近の冷凍食品のうどん、かなりおいしくなっています。常備しておくと便利ですよね。うどんをレンジにかけて待つ間、ネギでも刻みましょうか。あるいは乾燥タイプのワカメを買っておくと、おつゆに少々を入れるだけでOK。ただ入れすぎにはくれぐれもご注意を！　数倍に膨れ上がることもありますからね。1人分なら小さじ1から試してください。

もうちょい手間をかけてもいいようなら、だしパックをひとつ用意して、水800㎖ぐらいでしばし煮てください。このおだしでめんつゆを伸ばすと、風味が格段によくなります。多めにだしを作っておいて冷蔵庫に入れておけば、みそ汁などを作るときにも便利ですよ。煮干しだしが好きな人なら、水1リットルに対して煮干しひとつかみを容器に入れて冷蔵庫に入れておいてください。8時間ぐらい（1晩）でいいだしが出ます。水出しなら頭やはらわたを取る必要もありません。8時間後に煮干しを除いて保存すれば、5日間は冷蔵庫でゆうにもちます。

一人前ではなく家族全員でうどんを食べるとなると、いちいちうどんをチンするのも手間ですね。そんなときは、うどんすきをしませんか？　ごく簡単にいうと、寄せ鍋に最初からうどんを入れて楽しむもの。大阪をはじめ関西ではよく食べられています。

めんつゆや白だしでベースを作り、具材はお好みで構いません。鶏肉、かまぼこ、好みの青菜（冷凍ホウレン草を使うと手軽ですよ）、キノコなんて組み合わせがおすすめ。そこにうどんも加えて煮込んでいきます。大人は晩酌をしつつ、子どもは最初からうどんを楽しむ……なんて食べ方もできるのがうどんすきのいいところ。辛いのがＯＫならキムチを入れてもいいし、ルウを加えてカレーうどん鍋にしてもいいですね。刻んだたっぷりの油揚げに水菜を入れて、きつねうどん風の鍋にするのもいい。好きなうどんをお鍋風にすると、作るのもラクだし、いつもとちょっと違った食卓も演出できます。

6話 ごはんを炊ければ十分？

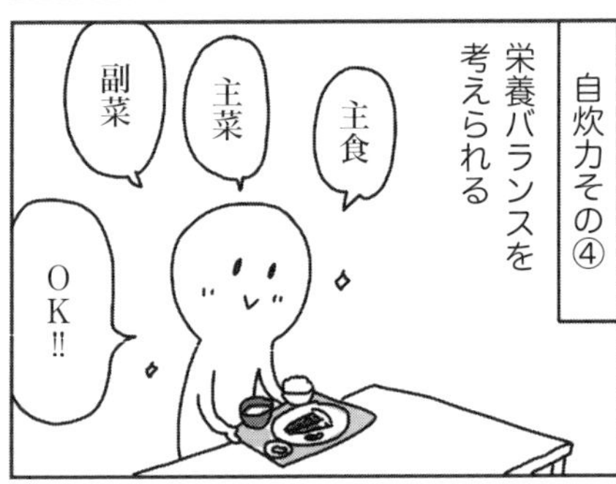

といった能力の総合力なんです
ザ・自炊力!!
ハッ
バー!

そりゃしんどい日があるのは当たり前かも!!

生きていく上でとても大事なスキルですがすぐには身につけることができない
レベル上げしないと!!
▶やく
にる
あげる
インデンオットハナスヲヤイタ!!

自炊初心者への調理の勧めとして提案しているのは
ごはんを炊くこと!!
ホカホカ

こうやって見ると毎日複雑なことしてるんですね〜
そりゃつかれるよ…

え…
ジャーーッ
米といでスイッチオン
ピッ
ごはんですか…

それにしても私たち…
今日はカレー明日はどうしよ〜
え〜っと家にまだキャベツとネギはあった足りない野菜はあれとこれ…
これを毎日完ペキにこなそうとしてたら

ごはんがあればレトルトのおみそ汁と買ってきたお惣菜で
立派な食事です

おかずは
冷凍食品でも
OKですし
ギョーザ
からあげ
ハンバーグプレート

納豆とか
ちりめんじゃこ
でもありですか？
はい!!
もちろん!!

なんなら
お肉と野菜
たっぷりの
おみそ汁と
ごはんだけで
十分です

私…毎食おかず中心で
考えていたけど
自分も夫も
追い込んで
いたかも…

時々おかずを
作ってもらうより
毎食ごはん炊いて
もらったら
楽になりそう!!

私よく
やるのが…
よし!!
おかず完成!!
ごはんにしよ!!
パカッ

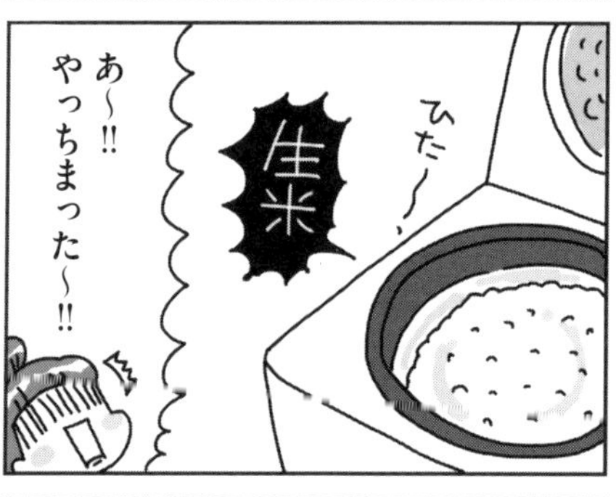
ひた～
生米
あ～!!
やっちまった～!!

シュー
ズーン
夫が炊飯担当
だったら
こんなミスも
減りそう
おなかペコペコ
ぐ～
ぐ～
ぐ～

3食のうち
1食まるごと
主菜
主食
副菜
合点!!
って思ってましたが
ハードルの高い
お願いだったのか…

「おかずを作って」よりも
頼まれるほうは
気持ちも楽だし
にこ、
ごはん
くらいなら…

炊飯だけ
なら…
頼むほうも
気兼ねなく
頼めそう…

できれば
なんですが…
ぜひ一度は
ごはんを
鍋で炊いてほしい!!
ホカ〜

土鍋ごはんが美味しいって
よく聞きますがハードル
高すぎませんか!?
ポーーン
いやいや
ピピー

土鍋じゃなくて
全然いい!!
いつも
お鍋を楽しんでる
鍋でOK♪

フタができる
鍋なら十分!!
なんなら
フライパンでも
大丈夫!!
ええっ
そうなんですか!?

お鍋で
ごはんが炊けると
生きるチカラも
アップします!!

大地震などで
電気が使えない時も
キングオブ
防災グッズ
ガス
カセットコンロさえ
あればごはんが炊けます!!

そういえば
アベさんは
宮城なので
震災を経験されて
ますよね
あ〜…
あの時は
大変でした…

湾岸部から
5キロほどの場所に
住んでいたので
ギャーッ
なんだ
これ〜!!
津波は大丈夫でしたが…

自宅の中はぐちゃぐちゃ
ライフラインも止まり

まんま〜
どうやって
子どもにごはんを
食べさせたら
いいんだ…
当時1才の
長男
豆キチ

ただいまー!!
近くの公園に
給水所ができてて
お水もらえたよ!!
バタン

ガスもプロパンは
使えるって聞いたから
ごはん炊けるかな?
やったことない
けど
頑張ってみる…
おいしいお米

当時は炊き方も
知らなくって
とりあえず
鍋にお米と水を入れ

ファイヤー!!
ボッ
強火

でき上がったのは
底がコゲコゲの
プスン

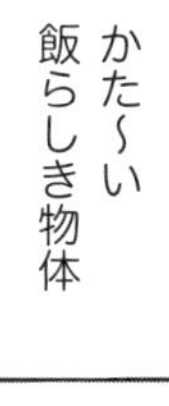
かた〜い
飯らしき物体

おにぎりにすら
できない!!
包丁とまな板洗う水がないよ〜!!
もう冷蔵庫の
中のものみんな入れて
雑炊だ〜!!
チョキ
チョキ

なんとも
いえない味
うん…
あの時ちゃんと
ごはんが炊ければ…
おいしくない…
べ〜

ラップで
おにぎりを
にぎり
食器を汚す
こともなかったな〜って
思い出しますね

実は防災士
鍋で炊けるって
防災術なんです!!
そうなんです!!

鍋でごはんが炊けるって
わかると自信になるし
1番自立が近い
長男豆杆
ひえ〜
ブシュ〜ッ
お子さんの自立前に
ぜひ一度
体験してほしいです!!

炊き上がったごはん
を味わいながら
炊いてくれて
ありがとう
おいしい!!
と感想を伝え合って
みてください♪

一度は鍋でのごはん炊きを体験しておこう

炊飯器ではなく、お鍋でごはんを炊いたことはありますか？　ないという方が多いと思います。一度でいいので、体験しておいてほしい。と、いきなり言われても「無理〜！」「なんかむずかしそう」「失敗して食べられなくなったらイヤだなあ」と思われる方がほとんどじゃないでしょうか。私もね、そうでした。最初怖くてねえ。コゲコゲにしちゃうんじゃないか、そこまでいかずとも硬くなって、まずく炊き上がったらどうしようと思い、なかなかチャレンジできなかったんです。

なぜこんな提案をするかというと、災害時に電気が使えなくなると、ごはんも炊けなくなるから。もしものときカセットコンロと水と米さえあれば、ごはんはまかなえます。そのとき一度でもお米の鍋炊きを経験していると、心理的ハードルはずいぶん違います。ごはんさえあれば、おかずは缶詰でもいいし、レトルトカレーなどを常温のまま食べることも可能です。こういうのも、ひとつの自炊力。ともかくも、やってみましょう。

①フタつきのお鍋を用意してください。フライパンでも可。

②お米はいつもやられているように、研ぐなりして下準備を。
私は3回ほどすすぎ洗いをして、夏場は30分、冬場は1時間ほど浸水させています。
③お鍋に米と水を入れます。水加減ですが、普段使われている炊飯器に米を入れて、規定の目盛りまで水を入れてから一緒に鍋に移すと便利です。
④フタをして強火にかけ、沸騰したらいちばん弱い火にして9分、次は火を消して12分置いてください。
⑤しゃもじで全体をよく混ぜて、でき上がり。
もし可能なら、家族全員で共有体験するのもいいですね。炊き時間は、あくまで目安として「弱火で9分」と書きましたが、これが10分とか11分になってしまってもすぐ食べられない状態になるわけじゃないので、あまり厳密に考えず、焦らずやってください。ただ蒸らし終わったら、すぐ全体を混ぜたほうがおいしく仕上がります。
最近の炊飯器は本当に性能がいいものが多いですが、鍋で炊くとおいしさもまたひとしおですよ。鍋炊きが手間でなくなると、炊飯器が不要になってキッチンのスペースが広くなる、なんて良さもあります。別に私はアンチ炊飯器派ではないのですが（笑）。

私でも
できた♡

第3章 家族パートナーシップを築く

7話 「ごはんを作りたくない」を言ってみた

うん…たしかに
病気のとき弁当だされたらイヤだわ…
うんうん
熱ある時ピザなんて食べられないもんね!!

ママの負担を減らすため
もしもママが病気になった時のために
カチャ

ごはん炊きを
できたらみそ汁も!!
2人に任せたい!!

え
全然いいよ!!

アベ家
カチッ
チラッ
〝お母さん〟だからどんな時もごはんを作るべきだと思っていたけど…

気持ちをおろしていいじゃないですか
あ〜〜〜

今日はもう疲れた〜!!
ピタッ

もう母はHPが
とぼとぼ
ございませーん
……

作りたくないなぁ～
今日は簡単なメニューでいい？
すすす

今日はオレがやるよ
え!?
やすんでて

疲れた日はさ
手巻き寿司か焼肉にしよ

オレでも用意できるしさ!!
はわ
はわ
もうレトルトカレーで手を打とうと思ってた
え…

よし!! お父さんはお刺身買ってくる!!
豆キチはごはんを炊く!! アンチョビはのりを切って!!
ハイ!!
ハイ!!

………
ママ!! つかれたらやすんでね♡
ジャー
バリッ

いただきまーす!!
さぁおたべ!!
酢めしだけアベが作った

気持ち伝えてみて
良かった～～～!!
うま～

町田家
ママはさ
今日はお外で
ごはん食べたい!!
ヘトヘトに
つかれてるの

えーっ
おウチで
食べたいなー

うーん…
わかった
今日は
おウチで食べる

でも今度ママが
疲れて料理
できない日は希望を
聞いてくれる?
うん!!
いいよ!!

数日後
よし!!
今日こそ!!
今日は外食しよ〜!!

はーい!!
約束だもんね
ごはんに
行こう!!

素直に
言うだけで!!
ボクは
おすしが!!
ママはパスタが
たべたーい
叶った!!

変化は
これだけじゃ
なかった
とこ
とこ

なんか前より
お手伝いを
ジャー
お皿みんな
もってきた!!
進んでやってくれる!?

他にも…
今日は
ボクが
サンドイッチ
屋さんになるよ!!
オレも

またある日は
ママ!!
今日は
これで
ボクが
野菜炒め
作るよ!!
野菜
カット
野菜

変化ありすぎ～
ナニコレ…
時間は
かかるけど…
ゲームもせずに
お手伝いって…

いや～!!
みなさん
すごい変化!!

夫と息子が
ごはん炊きと
みそ汁を作る
ようになったら
ごはんにまつわる
会話も増えたんです

夫がおみそ汁を
作った日に
あれ?
ネギ食べないの?

苦手だっけ?
あ…
食べるよ!!
ホカ
ホカ

子どもの好き嫌いとか栄養バランスを私だけじゃなくて
夫も見守ってくれてるって感じでうれしくなりました

うちは休日にお鍋でごはん炊いてみたんです!!

炊いてる間はもう大さわぎ♪ごはんを炊くだけで大さわぎ
おい!! ふいてるぞ!! あける?
ダメ!! あけちゃダメなの!!
ブク
ブク

ごはんが主役だとおかずがシンプルでも
しらす
そぼろ
生卵
具だくさんみそ汁
ごちそうでした

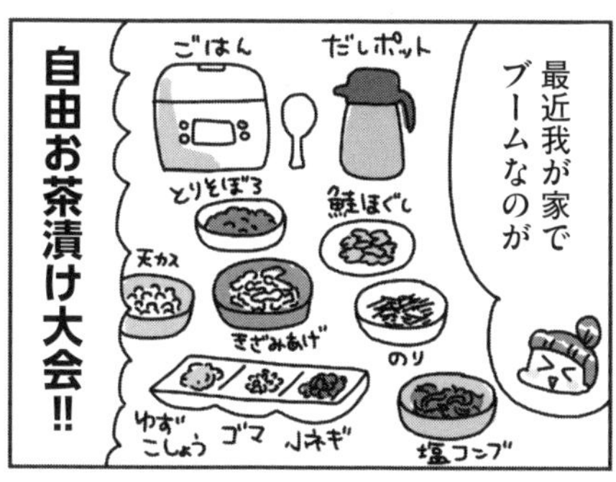
最近我が家でブームなのが
ごはん
だしポット
とりそぼろ
鮭ほぐし
天カス
きざみあげ
のり
ゆずこしょう
ゴマ
小ネギ
塩コンブ
自由お茶漬け大会!!

好きな具を自由に選んで食べるだけそれぞれの個性が出ておもしろい!!
お〜!! いいですね!!
うまっ

炊飯でもお茶漬けでも
半分参加型のごはんの日があるっていい気づきになる

「自分の手で作る」それはまさに
自炊力です

半分参加型のごはんで「自由に試す」を体験

アベさんの自由お茶漬け大会のアイディア、面白かったですねえ（71ページ参照）。小さい頃、手巻き寿司の日にとてもわくわくしたのを思い出しました。「作ってもらい→食べる」のではなく、自分がチョイスして組み合わせることで料理が完成する。いろんな組み合わせから生まれる様々な味わいがなんとも楽しく、食事の時間がより豊かに、思い出深いものにもなりますね。こんな「半分参加型」のごはん、他にもいろいろできそうです。

たとえばサンドイッチ。すべて仕上げて出すのもいいけど、たまにはトマト、レタス、ハム、ツナマヨ、焼いたベーコン、目玉焼きなんかをそのまま出して「好きにはさんで食べてみよう！」なんて言ってみるのもいいかもしれない。コロッケやポテサラ、マカロニサラダなんかを加えてもよさそうですね。私がよくお世話になってるイシイのチキンハンバーグなんかを置いたら人気が出そう。昨日の野菜炒めの残りなんかも、はさんでみたらおいしいかもしれない。ひょっとしたら、我が家だけの特製サンドが生まれるかもしれません。

そうそう、先日取材したとある料理家さんは、たまに「おにぎり大会」をやるとおっしゃっていました。ボウルに炊きたてごはんを入れてテーブルの中央に置き、ほぐしたシャケ、たらこ、おかか、昆布の佃煮、ツナマヨ、そのときある漬物、シラスなんかを置いて、家族めいめいが好きににぎって、食べる。うまくにぎれなくても、きちんと中央に具が詰められなくても、「なかなかおいしいもんだね！」とお子さんも喜んでいるとのこと。きれいにできなくたっていい、というのを小さいうちから体験できるのは、素晴らしいことだと思います。また海苔（のり）のあるなし、手塩をするしないでの味の違いを体験して、家族が自分好みのおにぎりを見つけていける、というのも印象的でした。

そうだ、お好み焼きやチヂミの生地だけ作っておいて、刻んだ野菜類や魚介、ひと口大に切った肉を並べて、各自が好きに混ぜて焼いてみる、なんてのもよさそう。闇鍋ならぬ、闇ホットプレート的に（笑）。定番のお好み焼きもいいけれど、本来〝お好み〟なんですから具材も自由でいいと思うんですよね。半分参加型の食事は、自由に試してみる力を養うにも、既成概念にとらわれない料理心を育てるにも、いいチャンスに思えます。

8話 緊急事態発生！ その時夫は…

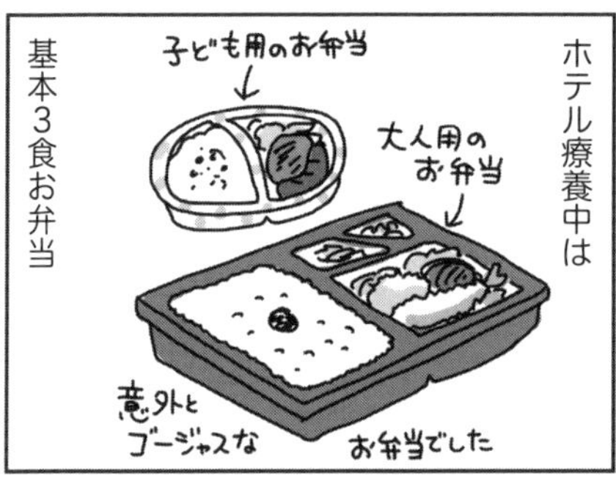

もうお弁当イヤ…
おウチのごはんたべたいよ…
どんどん食べなくなっていった

療養後半は食欲がなくなり
お弁当に手をつけられないことも…

ホテル出たらホカホカのおにぎりたべたいな
母は
ホカホカごはんに納豆食べたいなー

同じ頃自宅に残った3人は…

外に出ちゃダメなんでしょ
濃厚接触者
さて…どうしよう

パパ…
にいに
おなかすいた
ぐ〜

豆キチ!! とにかく2人でモナカちゃんの胃袋を支えるぞ!!
ラジャ!!
ガシッ

豆キチは米を炊き
夫はおかずをどうにかする
ジュ〜ッ

冷蔵庫の中が
カラになってきた
ネットスーパーの
アプリを入れよう!!

えっ…と
何を買えば…
カット野菜に
カット済みベーコン…
塩鮭とかそのまま焼いて
あっためるだけの
ミートボールに…
パンとか
ソーセージ
肉まんとか

ピンポーン
○○スーパーです
ご注文の品お届けに
参りました!!

夫は夫なりに
頑張って料理をして
ジュー
ジュー

豆キチも自炊力を
急速に上げた
ホットドッグ
肉まん
トースト
自分で
あっためた

1週間のホテル療養を
終えて
帰宅した2人を
待っていたのは
フラ
フラ

ホカ
ホカ

豆キチが
炊いた
あつあつの
白いごはん
でした

と…いうわけで
自炊のパワーを痛感したのでした
アベさん大変でしたね!!
てかパパさんと豆キチくん頼もし〜!!
素晴らしい!!
大変でしたがその後の生活が激変しまして…
やきそば
カット野菜
今日って忙しそうだね
う…うん〆切が…
バンッ
キュッ
チョキ
チョキ
ジュ〜〜〜ッ

あれ？
くんくん
いいニオイする

え!!
やきそば!!
包丁が
苦手な
夫なりに
夕食を作って
くれるように!!

麺(主食) 肉(主菜)
カット野菜(副菜)
栄養バランスもOK

美味しいよ!!
作ってくれて
ありがとう!!
これくらいなら
いつでも作るよ
エヘッ
おいし〜
ちゅるちゅる
もっとたべる〜

まさか
こんな日が
来るなんて!!
感動!!
ちゅるちゅる

大進歩ですね
パチパチ
家族パートナーシップが
うまくまわってますね!!

できる人
気力の
ある方が
担う

そして無理して
イチから作る
必要はないんです
カット野菜

カット済みの
食材を活用する
カット野菜
いため用
カット野菜
BBQ用
鍋用
カット野菜

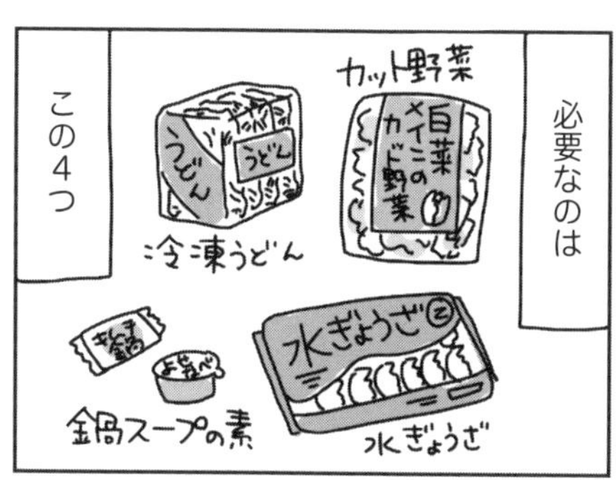
必要なのは
この4つ
カット野菜
冷凍うどん
うどん
水ぎょうざ
鍋スープの素
水ぎょうざ

包丁が苦手なら
使わずに作ったって
OKです

あとは鍋に入れて
煮るだけ
包丁も
まな板もナシ!!

最近鍋の取材をしている
中で良かったのが
ノーカット鍋!!

しかも全部
コンビニで
買えるもの
ばかり…!!
ジャジャーン
24
コンビニ

いや…
さすがに
お肉は
切りますよね
切ってある
鶏もも肉を
使うとか?

ほっとする味を
作るのに
イチから手作りに
こだわらなくて
いいんですよ
ホカ
ホカ

自分にフィットする自炊ルーティンを

「自炊＝すべて手作り」と考える方、少なからずいます。本来そういうものでしょう、と言われる方もあるかもですが、便利なものはどんどん使おうよ、というのが私の考えです。もちろん、手作りを大事にするのは素晴らしいこと。それが無理なく続けられて、本人がやりたいと望んでいる場合はいいと思います。ただそこにこだわってしまうと、ムダに疲れてしまうこともある。必要のない自責の念にもとらわれやすい。

私がそうだったんです。40歳でパートナーとの暮らしをはじめて炊事担当になって、料理に自信もあったものですから、日々あれこれ作り続けていました。しかし同居4カ月目に入る頃、レパートリーも尽きてマンネリに陥り、同じようなものを出している自分に落ち込みはじめました。そしてやってきた、どうにも作りたくない日。献立が何も浮かばず、「こんなはずじゃ……」と気持ちは焦るばかり。ツレに「同じようなものばかりで、ごめん」と謝ると「いや、謝る必要なくない？ 外食べ行こうよ。もしくは何か買ってくる？」なんて言われて。そのとき申し訳なく思えて、また自分を責めてしまって。私の母が絶対に同じものを続けて出さない人で、なぜか自分もそうやらなきゃいけないと強く思い込んでいたんです。そうしろと、誰に言われたわけでもないのに。いろいろあって、「作らない日が作る気力を生む」というマイポリシーが確立されました。今では好きなレトルト食品と冷凍食品を切らさないようにして、「あ、今日は無理だな」と思ったらそれらに頼っています。レトルトカレーの日などは、目玉焼きひとつ添えるだけでも「料理した感」は出ますし、私は気力のある日に漬けたピクルスもよく添えています。

スーパーをのぞけば、カット野菜の種類が本当に豊富になりました。付け合わせに便利な蒸し野菜のパックを置くところも増えたし、ミールキットもありますね。便利なものはどんどん取り入れて、自分なりのラクな自炊ルーティンを作り出したいものです。

そうそう、79ページで紹介したノーカット鍋、私も冬場よくお世話になるんです。作中では冷凍うどんも入れていましたが、水餃子は皮が炭水化物なので、野菜と一緒に鍋にするだけでもそれなりに栄養バランスは整います。魚のすり身団子なんかを加えてもいいですね。あっという間にできるので、時間のないときの頼もしい味方です。

ごはんはカタめが好き♡
水はちょっぴり少なめ

第4章 おふくろの味幻想に惑わされない！

9話 手作り＝栄養満点??

うちの子が幼稚園の時
昼食は「給食」と「お弁当」が選べたんです

せっかく給食あるなら!!
給食希望にマルっと!!
給食一択でしょ!!

が…しかし…
ボクもお弁当がたべたい

お友達みんなお弁当なんだよ
うん…わかったよ…
マジかぁ〜…

給食よりお弁当が多いのよ
へ〜…
園ママ
聞けばなんと9割がお弁当を持ってきていたらしく…

チュン
チュン

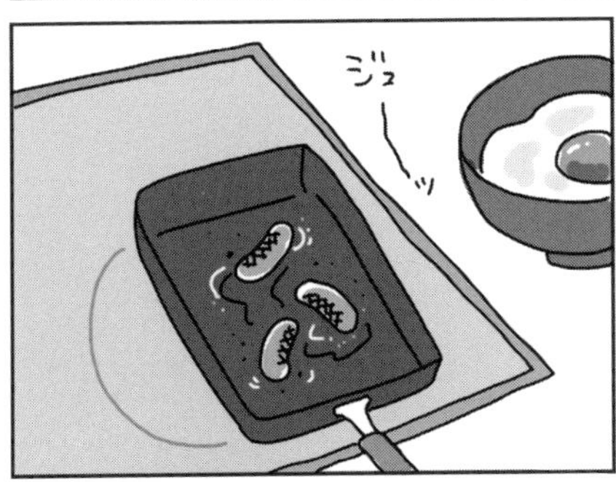
ジュ〜ッ

チュン
チュン

朝5時起きで
弁当作りましたよ
自分を
ほめたい
パチン
ウィンナー

インデンさん
すごいです!!
私も学童の
お弁当作りが
本当につらくて

私は料理が
苦手だから
お弁当のおかずは
冷凍食品ばかりで…
ハンバーグ
白身魚フライ
春巻き
おかずカップ
からあげ

自分で作るよりは
もちろん美味しい
食品メーカー様に
感謝しかない

けれど
罪悪感が
すごいんです
ズーーン

手作りじゃなくて
ごめんね
いってきまーす
栄養足りてるかな？
偏ってないかな？

かおりさんの
気持ち痛いほど
分かります!!
私も罪悪感すごくて…

中学生の豆キチが
毎日お弁当なんですが…
オレ冷食大好き!!
全部冷食にして!!

え…野菜炒めとか入れちゃダメ？
ダメ!!
時間経つと美味しくない!!

冷凍食品メーカーが長年研究した
お弁当に特化したおかずにお母さんが勝てるわけないでしょ!!
冷凍食品
○○冷凍
ドャッ

ぐうの音も出ない

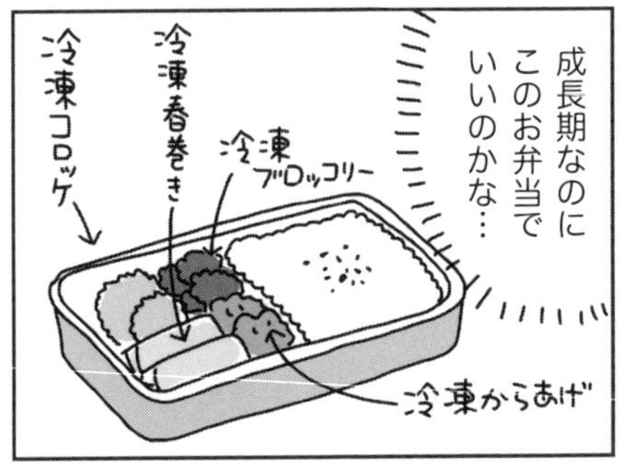
成長期なのにこのお弁当でいいのかな…
冷凍コロッケ
冷凍春巻き
冷凍ブロッコリー
冷凍からあげ

今日も美味しかった〜
本人は満足してるけど…
栄養がちゃんと取れてるか不安…

誰かに「それでいいんだよ」って言ってほしい!!

それで
いいんですよ

パァ…

そもそも
冷凍食品＝栄養価低い
ではないんです
NG

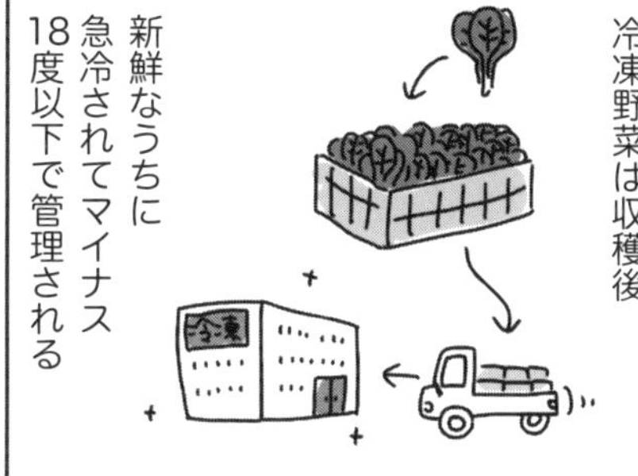
冷凍野菜は収穫後
新鮮なうちに急冷されてマイナス18度以下で管理される
冷凍

風味や栄養価も
損なわれにくい
冷凍ほうれん草
ホカ
ホカ

旬の時期に適切に冷凍され
管理された野菜は

旬でない時期の生野菜よりも
栄養価が高いことも
冷凍ブロッコリー
フフフ
1
2

もともとお弁当は
食中毒に注意する必要がある
数時間持ち歩く
食中毒に注意する必要がある
冷めても美味しいものしか入れられない
生モノNG

だったらお弁当1食でくよくよ悩まずに…

栄養は
1週間トータルで考えていけばいい!!
ドンドコ
ドンドコ
月
火
水
木
金
土
日

お昼のお弁当で
野菜が足りないな
茶色のお弁当になってもうた
と思ったのなら

夕食は
おひたし
回鍋肉
豆ごはん
具だくさんみそ汁
野菜たっぷりのメニューにすればOK

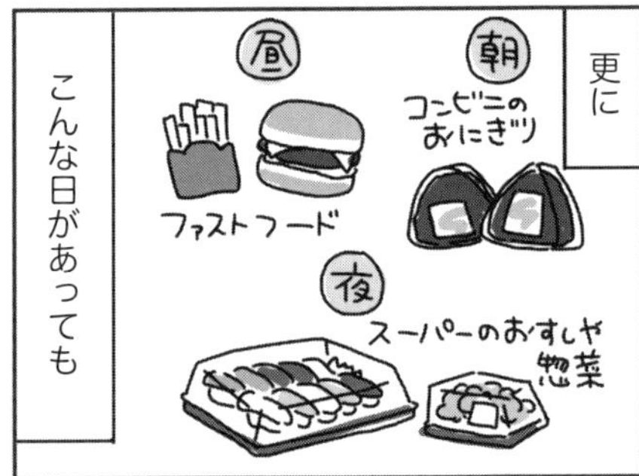
更に
朝
コンビニのおにぎり
昼
ファストフード
夜
スーパーのおすしや惣菜
こんな日があっても

次の日に
しっかり栄養を取れたらいいんです

あー!!
思い出した!!
小学校の給食でも同じようなこと聞きました

豆キチが小学1年生の時
PTA学年行事
給食試食会
PTA

学校で給食を試食したんですが…
きゅうしょくししょ

いただきます
……

なんかしょぼくない？
牛乳
ベビーチーズ
マカロニサラダ
笹かまぼこ
ごはん
野菜スープ
これで栄養足りてる!?
でも安心してください
今日はたまたまこのメニューだっただけで
栄養バランスは1週間・1カ月1年単位で計算されています
他の保護者も
思ってたよりボリュームないね
野菜はスープだけ？
量も少ないね
ザワ
ザワ
ザワつきはじめたところ…
家庭料理もそんな風に考えるといいのかって
その当時は思いませんでした!!
給食だもんなって思ってた
保護者のみなさん
給食について感じるところがあったかと思います
そうです!!1週間ずっと
全力でごはんを作らなくってもOKなんですよ
今日はパッと見野菜が少ないな〜
彩りがイマイチで栄養バランスも気になりますよね
ちなみにアベが試食した給食は1年に数回あるかないかの地味メニューだったのでした
まさかPTA行事の日にこれ!?
先生がイチバンザワついていた

私を救ってくれたお弁当のマイルール

お弁当にはちょっと苦い思い出があるんです。あれは私が小学3年生ぐらいの頃、母が持たせてくれたお弁当にとーってもおいしいおかずが入ってたんですね。今までにない味わいで、ひと口食べるなり「うまいッ！」って感じて。帰るなり「おかーさん、あれすっごくおいしかったよ‼」と告げました。すると母は「あははは、あれだけ冷凍食品なのよー。やっぱりおいしいのねえ」と言うではありませんか。子ども心に「悪いことを言ってしまった……」と感じ、しばらく申し訳ない気持ちになりました。

しかしうちの母、完全手作りのイメージがあったんですが、思い返してみると冷食も使ってたんですよねえ。そういえばレトルトカレーの日も定期的にあったし（私の好物でした。ちなみにククレ派です）、うまいこと作る日・作らない日のメリハリをつけていたんだろうな。

毎日のお弁当も献立に悩みますよね。私もツレの弁当を数年間作ってましたが（コロナ禍でリモートワークになり消滅）、どんどんマンネリ化して、ブロッコリーとミニトマトを毎回入れる芸のなさに気が滅入ったものです。でも落ち込んでいても仕方ない、とにかく作り続けるために「自分がラクになれるルール」を考えました。そのひとつが「おかずは2品でいい!」というもの。「2品(肉または魚介おかず+野菜おかず)」を基本と考えてから、私はすごーくラクになれたんです。「から揚げ+おひたし」「しょうが焼き+ナムル」的な構成。あるいは野菜炒めを多めに入れて、お惣菜の肉団子やシュウマイを入れるとか。気持ちに余裕のある朝ならここに玉子焼きや漬物を加える。栄養を考えるなら、みかんやバナナをプラス。できるときはリンゴや梨、柿などをむいて別に持たせてもいました。野菜が足りないと思ったら、海苔弁にしていたっけ。海苔ってビタミンや食物繊維を補うのに便利な、優れた食品なんですよ。

作中にもありましたけど、1食で栄養をきちんと整えようと頑張りすぎないで。数日単位、1週間単位で調整していけばいいことです。真面目に、完璧にやろうとすると心が折れるもとにもなりやすいですからね!

あとお弁当作りの際は省庁の食中毒予防啓発ページをよく参考にしていました。いろいろなサイトがありますが、やっぱり国のは安心です。「お弁当　農水省」で検索してみてください。

10話 愛情を形にして求めない

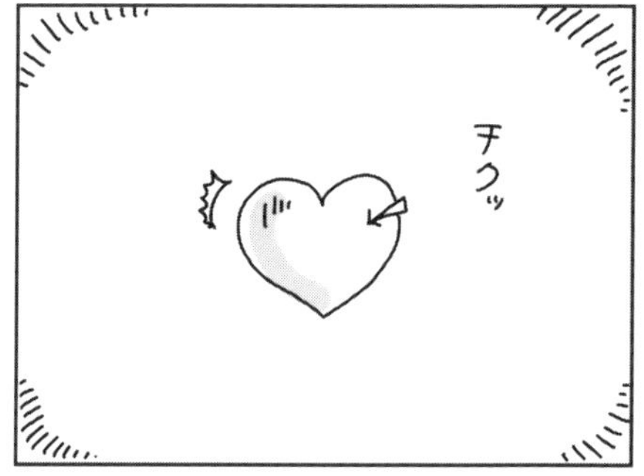

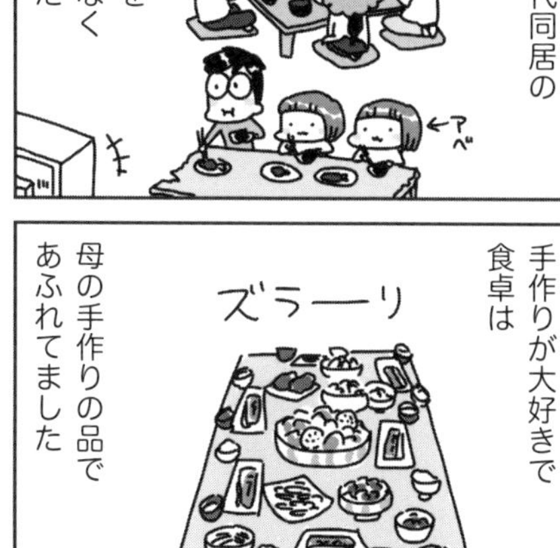
多い時は4世代同居の
9人分の食事を
3食毎日休みなく
作っていました
←アベ
手作りが大好きで
食卓は
ズラーリ
母の手作りの品で
あふれてました

法事の食事も
全部ひとりで
作っちゃう
姿を見て
好きでやってる→
もはや
仕出しじゃん…

尊敬の気持ちも込めて
私も…母のような
母にならなくちゃ
って思ったんです

だから楽すると
「母と比べて私は」
って気持ちが
出ちゃうん
ですかね…
アベさん…

アベさんのお母さんは
ごく稀にいる
シュワ
シュワ
シュワ
超人です

えっ？ 超人？
3度の食事に
法事まで…
手作りで…
それはもう
普通の主婦じゃ
ないですよ!!

そっか…!! 私は
超人を基準に
してたのか!!
じゃあムリだ!!
ザバァァァーン
はじめて心のつかえが取れた

うちは
そこまでじゃ
なかったけど
共働きでも
基本は母が
毎日
料理作って
ましたね
ジュー

毎日の料理がしんどくない
という才能が
ある人も
超人ですね

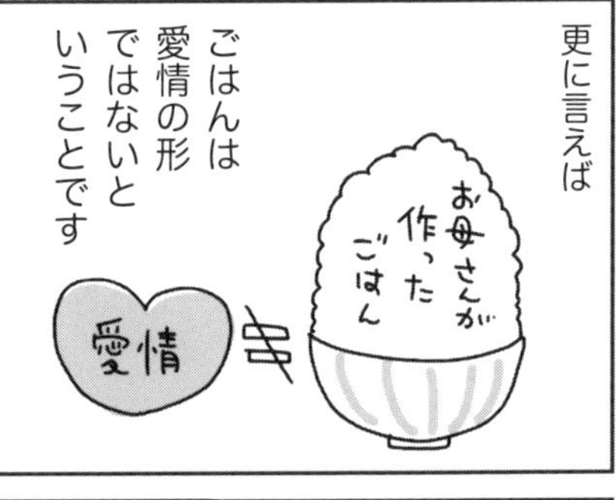
更に言えば
ごはんは
愛情の形
ではないと
いうことです
お母さんが作ったごはん
愛情

人気の
料理研究家さんの
エピソードですが
毎日料理を
するのはね
私の
自己満足
なんです

子どもの
笑顔が見たい
愛情を感じて
ほしい…
とかそんなん
じゃないの!!

「本当に自己満足!!
逆にそうじゃないと
毎日続かないのよ」
って
おっしゃって
たんです

ごはんを
作らなかったり
デリバリーや
外食をした
からといって

家族への愛情が
なくなった
ことにはなりません
ひゅ〜〜ん
なるほどー!!

そういえば
子どもと
国民的人気アニメを
観ることが多いんですが

アニメの中で
テーブルいっぱいに
並んだ料理や

専業主婦設定の
ママ率の高さに
モヤモヤ…

家族愛を演出する
表現として
やっぱり
この味だよ
おふくろの味が
使われたり

あ～!!
分かる!!
ただいま!!
主人公が帰るとママが
夕食作ってるシーン!!

観ている私も
子どもたちも
そういう
イメージに
引っ張られて
いる感じ…

何かをコトコト
煮込んでて…
今日なに!?
カレーよ♪
もはや時代劇に
近い感覚…!?

現実世界は
共働きの方が
多いのにね～
こらこら
パソコンが
見えません
子どもが
帰ってくる前に
ごはん作ってるって
ファンタジー…

そもそも
専業のママだって
なんだかんだ
忙しい!!
毎日3食手作りは
無理ですよ!!

午前授業の日のこと
近所の専業ママさんと
バッタリ会って

ママ!!
今日のお昼
ナニ？

今日は
肉まん!!
キリッ

肉まん⁉
マジ⁉
やった!!

きっと2人で
ニコニコしながら
肉まん食べたんだろう
と思うとホッコリ…♡

肉まん!!
いいですね!!
うちも採用!!
あははは
スグ
食べられるから
子どももグズらない!!

前述したように
栄養は週単位で
バランスが取れたら
OKですし
これは
ネコハラ
スメント
ですよ〜
手作りだけが
愛情の形ではない

そもそも料理を休んじゃいけないって思ってる人が多いのだと思います

様々な理由で休めない状況もあると思いますが

よっと

のびー…

そのままでOKですよ!!

嫌な思いをこびりつかせないためにも

「無理」っと感じたら料理から離れる

家族にもそれを理解してもらって

キッチンを「つらい場所」にしないでほしい

「ごはんを作るのがつらいと思うなんて、私はダメな親だ」という悩みを何度も聞いてきました。家族の世話をしんどいと思うなんて、私は親として愛情が足りないのではないか。どこか人間として欠けているのではないか……と悩まれている方、とても多い。けれど、いつも私は思うんです。愛情って食事作りなどの形にして表さなければいけないのでしょうか……？

もちろん「おいしいごはんを作って家族を喜ばせたい」と思う方もいますが、それは料理が好きだから、得意だから、あるいは苦にならないからやられているわけです。学校の教科と一緒で、料理だって向き不向き、得手不得手があるんです。向いてないことだったら、誰しもやるのはつらいですよ。

人間、生きていく上でエネルギー摂取は必要不可欠だから、多くの人が料理をするわけですが、自分に料理は向かないな、好きじゃないんだなと思えば「いかに省力するか」「できる範囲でやれることは何か」を考えるほうが効率的ですし、精神衛生的にもいいと私は思います。

家族への愛情表現は、自分がやりやすい方法でやればいいじゃありませんか。

家族同士、つらいことや、やりたくないことは正直にシェアし合うほうがよほどいいと思います。そもそも料理人になるわけじゃないんですから、苦手な料理を克服する必要もないし、味つけ上手にならなくたっていい。

私の知っているある方は、料理が苦手なのだけれど、家族のためと思って日々がまんして、キッチンに立ち続けていました。そして子どもたちは巣立ち、夫が先立った現在、料理は一切されていません。「なんだかね、無理してずっと料理してたから、台所に立つと思い出して苦しくなるのよ」と。

前もちょっと書きましたが、「作らない時間が、作る気力を養う」というのが私の考えです。献立が何も思い浮かばないときは、台所に入ってはいけないとき。どうか台所を嫌いな場所に、苦しい場所にしないでください。家族に思いを打ち明けて、シェアしていきませんか。

ちょっときつい言い方になるかもですが、がまんして頑張り続けたとして、どういうことが起きるだろう……とも私は考えてしまうのです。「うちの母はつらかろうが文句も言わず家事をやってたよ」なんて、お子さんが将来誰かに言ったとしたら、どうでしょうか。

11話 おふくろの味幻想?

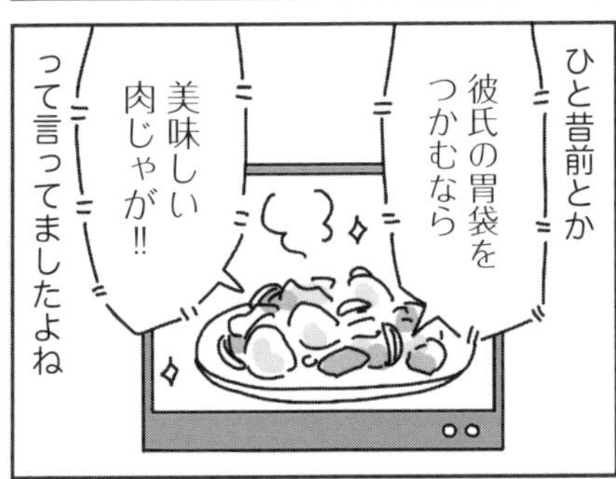

町田さんにつられて みんなで やってみたよ

「おふくろの味」って男性が求めがちに見えますが
男女関係ないですよね

ハッ

あれ…？もしかして私が夫にあったかいうどんを作ってほしいって思ってるのも…

おふくろの味幻想では!?
バーン
ダラララ
ダラララララ!!

はっ!! たしかに!!
私も夫にほっとする味を求めてたかも!!
ごはんとか
みそ汁とか

つまり幻想は私たちの中にもあったということですね…
ゴゴゴゴ

男女関係なく〝ほっとする味を欲している〟のかもしれませんね

実はうちの夫
おふくろの味幻想がまったくない
あ〜
サッパリ
ないです

夫の母はこんな人
あ!!
今日は息子家族が来る日だわ!!

よし!! 今日は気合を入れて

ブロロォン
買い出しぃ〜♡

こんばんは〜
ゾロゾロ
ただいま〜
はーい いらっしゃい!!

いただきまーす!!
いっぱい食べてねー

テーブルいっぱいに並ぶ料理はほぼスーパーの総菜

この煮物美味しいです
○○スーパーの煮物って味がしみて美味しいわよね〜♡

はじめは
自分の母との
ギャップに
びっくりした
オール手作り超人
お客さんが来る日は
朝から仕込み!!

けれど…
手作りの
プレッシャーから
解放されるわ〜
ホワ
ホワ

夫の母は
料理は好き
だけど手を
抜く時は抜く人
ジュ〜ッ

夫が小さい頃は
夕ごはんよー!!
ピコピコ
はーい

なんか…
甘いにおい…

今日はお父さん
飲み会で遅いから!!
ホットケーキよ♪
ジュウウ〜
はちみつ

こんな日も
おいひい〜♥
普通にあった

大人になった夫は
ホカ
ホカ

手の込んだ料理
手抜き料理
スーパーのお惣菜
ファストフード
ファミレス
その他外食

どんなごはんもめちゃ美味しく
いただけちゃう男に成長

逆に手作り超人に育てられたアベの兄は…
オレさぁ…
夫と同い年

粉のうどん汁とか手作りじゃない味苦手なんだよね
それ全女子を敵にするから言わない方がいいよ!!
夫と真逆に成長した
兄も母も悪くないけれど。

なんだろうアベさんのダンナさんの話を聞いたら勇気がわいてきた

とどのつまり
どんな料理が食卓に並ぼうが

お母さんが用意したごはんは全て

「おふくろの味」
なんです

食べものは「薬」にあらず

　さて、ラストコラムになりました。最後にひとつ、お伝えしておきたいことがあるんです。ここまで「栄養のことも考えられるようになろう」的なメッセージを何度か書いてきました。私が食生活で大事にしているのは、「栄養バランスを気にすることを忘れない」ということです。基本的に「その日食べたいものを食べる」でやっているのですが、「今回は野菜がほぼ摂れてないな」とか「たんぱく質量が少なすぎるな」と、気に留めるようにする。それで、次の食事や翌日に帳尻合わせをできるようになっていこう、というのが私の考え。

　食生活に気をつけて、栄養バランス良く過ごし、なるたけ病気を遠ざけて生きたい——というのが私の思いですが、伝えたいのはここから。

　人間、どんなに食生活に気をつけて「健康的」に過ごしたとしても、病気になるときはなってしまいます。まずこのことを忘れないでください。毎日栄養バランス最高の食事をして、適度な運動を続けて暮らしたとしても「絶対に病気にならない」ということはありません。病気の原因は様々で、理由がはっきりしてるものは少ないです。もし病気になったとしても「食生活が悪かったのか……」と自分を責めないでほしい。そして体調が悪かったら、すぐに病院で診察を受けてくださいね。というのも、食生活に気をつけている人は「お腹の具合があまりよくないな、〇〇をもっと摂ろう」「食物繊維が足りないのかな」と自己診断して、食事療法的なことを続けてしまう人もいるんです。その間に、病気が進行してしまったら大変ですよね。

食べものは体に影響も与えるし、よい働きもしてくれるものですが、「薬」ではありません。このことを必ず覚えておいてください。

病気に関して「〇〇がいい」「〇〇を食べ続けて私の病理は消えた」などの情報がネット上にはたくさん飛び交っています。健康食品も山のようにありますね。もしそれらに「効能」が本当にあったなら、研究がなされて必ず治療に役立つ薬なりになっているはずです。なっていないということは、信頼に足る情報ではないということ。私は健康食品的なものは「夢を買う」ものと思っています。食は病気を遠ざけるベースを作りますが「薬」ではない。忘れないでくださいね。

第5章 「共同生活力」は磨かれる

12話 美味しかったが聞きたくて

高価な牛肉を
ふんだんに
使った
豪華な
カレー

すごく美味しくて
ボクは父のカレーを楽しみにしてたんですが
おいしい連呼で食べました

今思えばいいお肉やバターをたっぷり使ったらそりゃ美味しいカレーができますって!!
今夜はカレーにしよう…
バター

一方母のカレーは日々の家計の中でやりくりして
栄養バランス素材の使いまわしも考えぬかれたもの…

いつもの母カレーもリスペクトされるべきだと思う

だからこそお母さん!!
美味しいよ
って作り手に伝えることは大切

うーん
夫はその辺理解してると思うんですけどねー

それは「美味しいね」って言う
経験値不足なのかもしれないですね

え…「美味しいね」に
経験値が必要
なんですか？
おいしいね
おいしいね
おいしいね
必要なんですよ
人間経験しないと
できないものです

はっ…
そういえば
夫って実家で
ごはんの時も
・・・・・
「美味しいね」って
言ってないですね…
全然しゃべらない!!

もう
小さい時から
無口でね〜!!
何でも
こっちから
聞かないと
ダメで〜!!
夫の母
もしかして
小さい時から
言って
こなかったの
かもしれない…

よし!! 今日から
夫に「美味しいね」って
1日1回言うノルマを
命じよう!!
ちょっと待ったー!!

かわれ〜
かわれ〜
相手を
変えることは
ハードルが
高いことです
おいしいと
言え〜
イヤ〜
ムリムリ

アベさん!!
そんな時は
おいしいね
おいしい
おいしい
自分から
言っちゃいましょ!!

きょ…今日の
おみそ汁
美味しいね…

美味しいね
ってなる
かも!!
パサッ

といった感じで
「美味しいね」を自分から発信しましょ
アベ北風と白央太陽
おしまい

言葉は言霊だから
おいしいね

ホワ
おいしいね
ホワ
おいし

「美味しいね」の言霊が食卓にあふれたら
おつゆ
美味しいね!!
おいしいね

美味しいね
「美味しいね」が山びこのように子どもたちからも聞こえてくると思うんです
うまーい!!

たしかに!!親が言うって大事かも!!

子どもって素直だから
ねえ見て!!
夕日がキレイだね〜

ホントだ〜!!キレイだね!!
ねー
一緒に言ってくれることが多いですもんね

風景を見た時も
美味しい食事をした時も

うまい!!
その場で
感想を
シェアできるって
しびれる〜

生きる上でも
ものすごい大事な
スキルだと思うんです

自分の気持ちを
閉じ込めないで
どんどん
アウトプットする

察してほしいとか
相手を
変えようと
思わない

家族は
イーブンって
思いながら

気持ちを
シェアして
いけたら
いいですね
はい!!

その日の夜
いただき
まーす

もく
もく

あ〜!! 今日のハンバーグ大成功じゃない？
めちゃ美味しい!!

うん!! うん!! ハンバーグ美味しいね!!
オレ
ファミレスより この味好き〜

だいせいこうだよね〜!! めっちゃ美味しい〜!!
え
パパは!?

うーんと…

お…
プシューッ
美味しいね…
言ってくれた!!
ボッ

白央さん… うちの夫は経験値不足すぎて
お父さん何で赤くなってるの!?
いつも美味しいよ
耳まで真っ赤にして言ってくれました

あ〜〜!!
もう!!
おしょすい!!
宮城弁で
恥ずかし!!

13話 ポジティブな思いをシェアする

私たちの世代は親世代のそんなイメージに引きずられがちですが

だんだん若い夫婦は
家事分担も当たり前になってきてますよね!!

そもそも
家族はイーブンなんです
ぐっ

母親が毎日何も言わずに
食事を作ってくれる
はい朝食!!
ふお〜

ついあたり前すぎて感謝を忘れてしまいがち
え〜 またこれなの?

本当なら
いつも作ってくれてありがとう
って毎日言ってもいいくらい

食べる側にも意識が必要です
あたり前じゃないんですよ!!
ありがとう

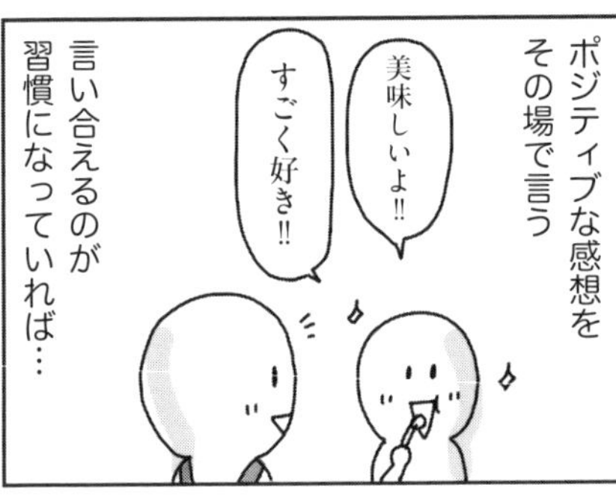
ポジティブな感想をその場で言う
美味しいよ!!
すごく好き!!
言い合えるのが習慣になっていれば…

一緒にいる人に

いつもありがとう

助かるよ♪

ステキ!!

美味しい

いいね!!

感謝と感想を伝えられる

ポジティブな思いをシェアできるってことが

イイネ!!

イイネ!!

大事だと思うんです

いくら稼いでいようと

まだか!?

はーい

ゴメンナサイ!!

作ってもらって当然になっちゃったり

やってもらっていることへの感謝を

もくもく

ありがたいとは思ってる…

おいしい?今日は上手にできたの

共同生活力の高さは生きる上での柱になる気がするんです

共同生活力

人生丸

うんうん

うなずきが

たしかに

止まらない

大切な力ですね

うちの長男豆キチの小学6年生の時のエピソードなんですが

えー今日のおかずやだ〜

コロッケ

じゃあ食べなくていいんですけど…

なんかない?他におかず

ソーセージとか焼いて〜

いつもこんな調子だったんですが…

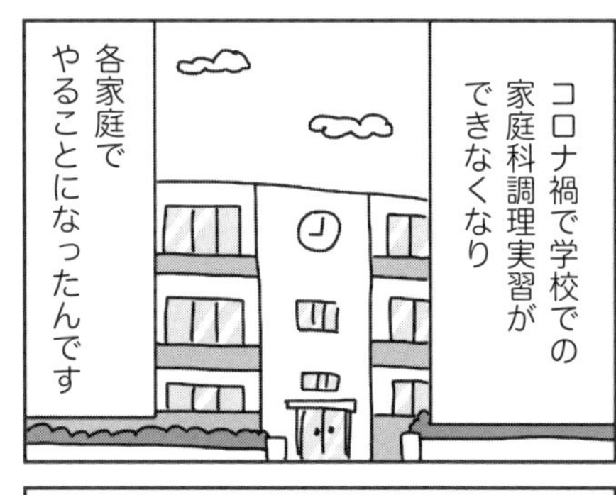
コロナ禍で学校での
家庭科調理実習が
できなくなり
各家庭で
やることになったんです

課題①
自分の
朝食作り
（好きな
メニュー）
課題②
休日に
麺をゆでて
家族で食べる
トースト
コーヒー
そーめん!!
写真をとってレポートにする

課題③
家族全員分の
夕食を作る
ごはん
汁もの
おかず…
マジかよ…

焼き魚と鶏そぼろを
作ることにした
豆キチ…
ひいいい〜!!
魚こわいよ〜!!

あっつ!!
ひゃ!!
ぎゃ〜!!
火こわいって!!
大さわぎしながら
ひとりで作りました
母は見守る係です
何が素晴らしいって
学校でやっていれば
ちょっと!!
男子も
やってよ!!
え〜
ムリ〜
グループで調理するから
すべては経験できなかった

はぁ〜〜
フラ
フラ
やっと
できた…

ひとりで
ごはんを
炊いて
みそ汁を
作って
同時に
おかずも
作る
経験をして
わかめとネギ

作ってくれてありがとうを伝え合って
お父さんこれも洗って
じゃそこに置いて〜
ゴシゴシ
そんな経験が家族をパートナーにする

時が経って大人になって
ごはん炊いとくしあとオレが作るよ
パートナーを作った時に必ず力になるはずです

自分たちの子どもが大人になる頃には私たちのような悩みはなくなるかもですね
そうです共同生活力をお互いに磨いていくことが

長くパートナーと過ごす土台になるんですね

夕食レポート
6年△組豆キチ
ごはん・みそ汁
やき魚・そぼろ
魚コワイ!!

ある日の
アベ家の食卓PHOTO

焼き魚とそぼろ丼と おみそ汁

長男 豆キチ（中一）

↑ 長男・豆キチがひとりで作った家族のごはん

半分参加型のごはんの日 自由お茶漬け大会！

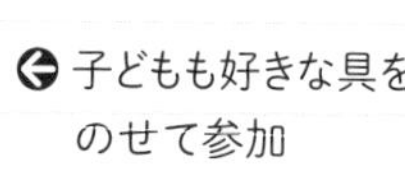

← 子どもも好きな具をのせて参加

エピローグ

新型コロナのピークも落ち着いた頃…
インデンさーん!!
かおりさーん!!

やっと会えましたね〜!!
リアルで会うのは3年ぶりですね(泣)
涙でちゃう!!

今日は白央さんとの打ち合わせです
やっと!!
お会いできましたね!!

ではでは
それぞれの家庭に起きた変化を報告し合いましょうか!!

はいはーい!!
町田家からいいですか?
どうぞ!!

この企画がスタートした時から
美味しいものを食べさせたいけどママは料理が苦手…

1日3食料理するのはつらいの
と真剣に言葉にした

イヤなことって毎日してたらもっとイヤになるでしょ?
だから
たまに外食したり簡単なごはんでも協力してね
うん

ボクはね
料理好きかもしれない!!

少し前まで食事の時は
テレビに夢中で食べることは二の次だった2人が

だからたまにボクが料理していい？
ボクもおてつだいする～
え…ホント？
（尊い…!!）

サンドイッチを作ること！
料理に夢中って!!
すごすぎる!!

長男は宣言通り
ママ!! ボクがサンドイッチ作るね!!

その後も長男は時々料理をするようになり
ドン
カット野菜
もやし

チーズもはさもう
ボクもっとハム入れる

今日はね!! 野菜炒め作るよ!!
火を使う料理をするまでに!!

もちろん見守りを
しながらですけど
ひとりぼっちで
夕食に悩んでいた
頃とはすごい差!!

料理したくないって
ママ失格かもと
思ったけど本心を
伝えて良かった!!
すごい
変化!!
パチ
パチ

インデンさんは
どうですか?
ごはん炊き(毎日)と
みそ汁(週2～3回)
担当になった夫と
息子ですが…

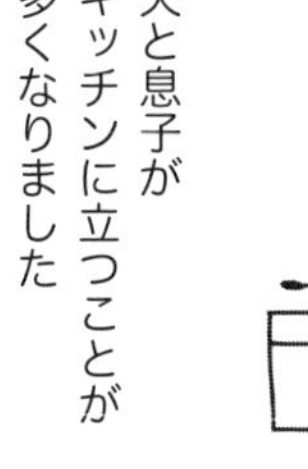
すっかり生活の
ルーティンになじんで
夫と息子が
キッチンに立つことが
多くなりました

まぁ息子は
その時の気分で
今日は
つかれた
参加したり
しなかったりですけど(笑)

みそ汁を作ることが
多くなった夫は
ネットでレシピを
見るようになって…
えーっと
キャベツ
玉ネギ…
あぶらあげ

トン
トン
トン
ペリ
ペリ

キャベツ・玉ネギ
油揚げの
みそ汁を
作ってくれて!!

へー!!
私が思いつかない
組み合わせ!!
美味しー!!

我が家の
味になって
いく…

ネットで見つけた
レシピなんだけどね!!
照っ
美味しいから
また作るよ
おかわり
してくる!!

夫と2人で我が家の
「家庭の味」を
作っている
実感が湧くんです!!

他にも
さば缶で
あら汁風の
みそ汁を
作ってくれたり
さば

料理へのマイナスな
気持ちも減って
キラ
これからの人生
料理嫌いにはならずに
済みそうです!!
キラ

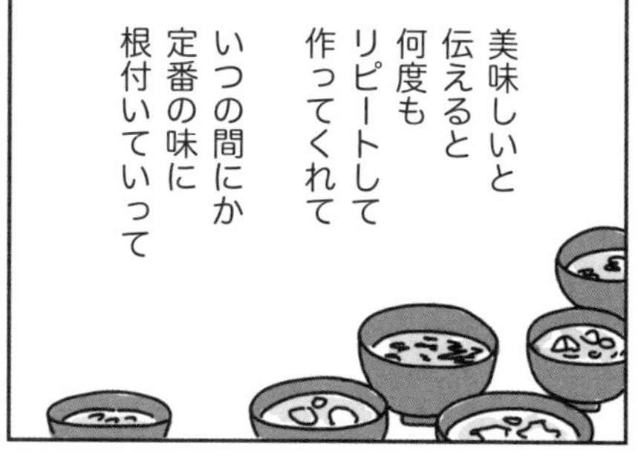
美味しいと
伝えると
何度も
リピートして
作ってくれて
いつの間にか
定番の味に
根付いていって

「2人で作る
家庭の味」
みそ汁など
同じ料理を繰り返し
作ったことも
夫さんの自信に
なったんでしょうね
ザバ〜ッ
パチ
パチ

はじめの目標だった
「あったかいうどん」は
実現してないんですが

わー!! 今日のごはん スゴーイ!!
パン屋に いる みたい!!
食べ放題
パーティー用の 紙皿
スープ

なんか楽しいね
パン祭り
こんな 夕ごはんも ありだね
わい わい

私が求めていたのは うどんを作ってくれる 夫ではなくて…

一緒にメニューを 考えたり悩んだり してくれる
どうしよう!!
戦友を求めていたと 気づいたんです

私は超人の 母のようには
ゴゴゴゴ
ゴゴゴゴ
なれないけれど

一緒にスーパーで
買い物して

今日は 野菜いっぱい 食べたいな
モナカちゃん お迎え 行くね
一緒に 栄養バランスを 考えて
はーい
プチトマト 出すかな

「美味しいね」が 飛び交うことが 増えました

つらい日は休む
夫とメニューを考える
今日の夕食と
朝食の
買い出しだけ
そんなことをしてたら
週末のまとめ買いを
しなくなったんです!!

最近は
買い物帰りに
つらくて涙が…
なんてことも
なくなったんです!!

もうすごい
変化!!
少しずつ
自炊力が
ついて
夫さんの
うどんが
出る日も
来そう!!
キャッ
キャッ

白央さん
ありがとうございます!!
いえいえ素晴らしいのは
みなさんです!!

はじめにも
言いましたが
人間食べる
ことからは
逃げられません

長い人生で
何万回と
する料理

嫌いにならない
程度にチカラを
抜いて作ったり
買ったりして
いきましょう
はい!!

今夜のみなさんの
夕食メニューは
お決まりですか？
駅弁祭り!!
夫のカレー!!
ファミレス!!
おわり

勉強中
カンタンレシピ
ふむふむ
今日は豚肉で…

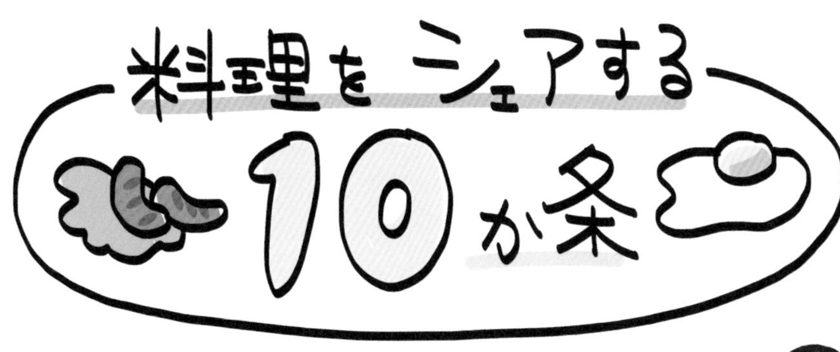

料理をシェアする10か条

①

「料理したくない」という気持ちはダメなことじゃない

②

人には向き不向きがある
料理だってそう!!

③まずは「買うこと」から自炊をはじめる

④家族が半分参加型のごはんの日をつくる

⑤すべて手作りである必要はない

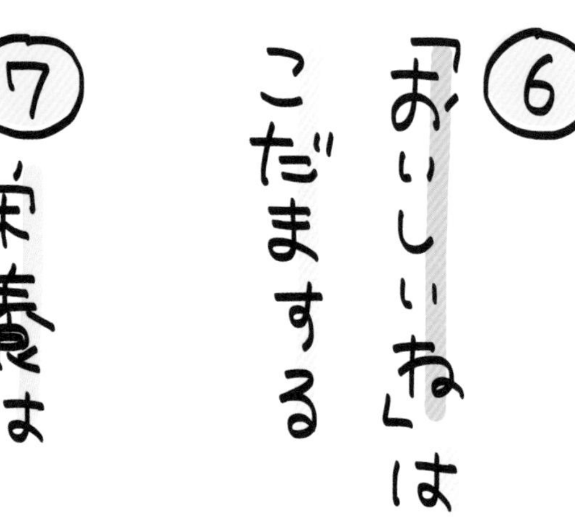

⑥「おいしいね」はこだまする

⑦栄養は1週間トータルで考えればいい

⑧愛情を料理で表す必要はない

⑨ごはんを作れない時は休むべき時

⑩素直に真剣に気持ちを話す「ありがとう」を伝え合って家族をパートナーにする

あとがき

最後に、謝ります。ここまで長々と講釈めいたことを書きつづってきてしまいましたが、私だって日々の料理がどうにもしんどくて、面倒で、このままどこかに消えてしまいたい……と思う日もよくあるんです。買いものをしつつ弁当コーナーが目に入れば「私ひとりだったら弁当で済ませられるのに……」なんて思ったり、なんなら1食ぐらい食べなくたっていいかとも思ったり（いえすみません。栄養的には欠食するの、かなりのNGです……はい）。

ただ「後ろ向きな日の自分」をちょっとはうまくあやせるようになったな、そんな自分も自分の一面と認めて、なだめられるようになったとは思うんです。

話は飛ぶようですが、歌手の美川憲一さんの曲で『駄目な時ゃダメよ』というのがあるんですね。これがテレビから流れてきて「ああ……そうだな、そうだよな」とストンと腑に落ちました。ダメなときにもがいても、ダメだと。作れないときに無理すると余計ダメージで次がもっとつらくなる。そういう日はツレにさっさと自分の状態を伝えて休もう、と。「急がば回れ」なんて言いますが、早く良い状態に戻すためには「ロスタイム」が必要なんだろうと。

とはいえ！ 使い切りたい食材があったり、家族の状況によっては休めなかったりが当たり前ですよね。「休めたら苦労しないよーッ！」という叫び、マジで聞こえてきます。ごめんなさい、理想論を言ってしまって。本当に、本当に、おつかれさまです。最初のコラムでも書きましたけど、家事としての料理はマルチタスクもいいとこ。

by Atsushi Hakuo

加えて他の家事もあり、仕事をされている方もあり。親きょうだいに親戚や近所のつきあいもあり。やること多すぎですよね‼　それらを一応でもこなしている方は全員、偉大すぎます。私は最近、どうにもやることが多すぎでキャパオーバー寸前のとき食事の支度なんかすると「もう私は偉大すぎて銅像建つレベル！」とよく思うんです。そう、自分で自分を褒めないとやってられない……（苦笑）。

こんな情けない私ですが、図々しくも日々の料理や自炊力養成についてあれこれと述べさせていただきました。本書がささやかでも当事者の方の助けになりますように。アベナオミさん、編集のインデンさん、町田さん、本当にどうもありがとうございました。アドバイスが少しでもお役に立ったのならこの上ない喜びです。

白央篤司

あとがき

本書を最後までお読みいただき、ありがとうございました。インデンさん、町田さんと母としてタブーのような気持ち「料理がしんどい」と向き合い、同じ悩みを持つ全国のママさんたちに届いて欲しい一心で、描き上げました。

この本のスタートはインデンさんの「自粛中の料理つらくないですか？」の一言でした。それまで「つらい」と思っていたけどそう思っちゃいけないような気がして、「え？　つらいって言っていいんですか？？」とビックリしたのを覚えています。

つらかったんですよ。料理が――。

結婚して15年になるアベが、心の中に押し込んでいた感情だったな～と気付くことができました。

取材は毎度、白央さんがまるでカウンセラーのように私たち悩める母3人に寄り添い、話を聞いていただきました。ずっと「実家の母のように料理をしなければいけない」という呪縛に縛られていたアベは、白央さんの「アベさんのお母様は稀にいる超人」の一言で隕石が衝突したくらいの衝撃を受け、私の料理の人生観がガラッと変わった瞬間でしたね。

白央さんは私の命の恩人と言っても過言ではありません（笑）。

この場をお借りしてお礼申し上げます！

by Naomi Abe

執筆が終わった頃、夫から「毎週水曜日はオレが夕食作るよ」と突然の提案があり、夫なりに作れそうなレシピを探してきたり、便利な料理の素を使って夕食作りをしてくれています。理想としていた「おだしたっぷりうどん」が食べられる日も近いかもしれません♪

白央さん、インデンさん、町田さん、いつも私を支えてくださるアシスタントのみなさん、この本の出版にあたりお力添えいただいた方全員に、心からの感謝を申し上げます。

食べることは生きている限り一生続きますが、自分を癒したり楽しませたりしてくれる料理とこの先うまく付き合っていくヒントになれれば幸いです。

アベナオミ

【ブックデザイン】
坂野 弘美

【DTP】
木蔭屋　小川卓也

【作画協力】
安比奈ゆき
菅原茉由美
ミキ

【校正】
齋木恵津子

【営業】
大木絢加

【編集長】
山﨑 旬

【編集担当】
因田亜希子

料理(りょうり)は妻(つま)の仕事(しごと)ですか?

2023年1月19日　初版発行

著者
アベナオミ

監修
白央篤司(はくおうあつし)

発行者
山下 直久

発行　株式会社KADOKAWA
〒102-8177　東京都千代田区富士見2-13-3
電話 0570-002-301(ナビダイヤル)

印刷所
図書印刷株式会社

●お問い合わせ
https://www.kadokawa.co.jp/（「お問い合わせ」へお進みください）
※内容によっては、お答えできない場合があります。
※サポートは日本国内のみとさせていただきます。
※Japanese text only

定価はカバーに表示してあります。

ISBN 978-4-04-681916-1　C0077